Rudolf Steiner Die Erziehung des Kindes

Rudolf Steiner

Die Erziehung des Kindes

Mit einer Einführung von Cornelius Bohlen

RUDOLF STEINER
VERLAG

3. Auflage 2015

© 2015 Rudolf Steiner Verlag, Basel
© 1959, 1960, 2003 Rudolf Steiner Nachlassverwaltung, Dornach

Alle Rechte, auch die des auszugsweisen Nachdrucks, der fotomechanischen und elektronischen Wiedergabe, vorbehalten.

Satz: Verlag
Umschlag: Karin Gruber
Umschlagabbildung: Charlotte Fischer / www.charlottefischer.de
Druck und Bindung: Druckhaus Nomos, Sinzheim

ISBN 978-3-7274-5399-1
www.steinerverlag.com

INHALT

7 Zu diesem Buch (Cornelius Bohlen)

11 Die Erziehung des Kindes vom Gesichtspunkte der Geisteswissenschaft

57 Über Erziehungsfragen. Ein Vortrag

71 Schulfragen vom Standpunkt der Geisteswissenschaft. Ein Vortrag

79 Anmerkungen

86 Literatur zum Thema aus dem Werk Rudolf Steiners

ZU DIESEM BUCH

Vor bald hundert Jahren erhob Rudolf Steiner seine Stimme zur Frage der Erziehungsreform. Man müsse nicht an der Oberfläche bleiben, sondern zur Wurzel vordringen und die Entwicklung des Menschen zur Grundlage der Erziehung machen. Inzwischen ist der Ruf nach Bildungsreformen zur Dauerkrise geworden. Bildung, so heißt es, sei ein Standortfaktor im globalisierten Konkurrenzkampf. Ständig werden neue Bildungsprogramme gemacht, meistens im Namen der alten Gewalten von staatlicher Bevormundung und wirtschaftlichem Markt. Während sich jedoch Kinder, Eltern und Lehrkräfte immer neuen Forderungen ausgesetzt finden, ist die wesentliche Frage nach wie vor weder eine der Institutionen noch der Lernprogramme. Unveräußerliches Subjekt und Objekt der Bildung ist der individuelle Mensch und sein Werden. Erziehung und Bildung betreffen zuerst und zutiefst das Werden des Menschen innerhalb eines offenen Horizontes der Freiheit, sein eigenes Woher und Wohin? In der Erziehung handelt es sich darum, wie wir die Entwicklungsmöglichkeiten fördern oder hemmen, die den Kindern als Menschen innewohnen. Darum wollte Steiner nachdrücklich kein äußeres Erziehungssystem schaffen, sondern von der Entwicklung des Menschen ausgehen: «Nicht Forderungen und Programme sollen aufgestellt, sondern die Kindesnatur soll einfach beschrieben werden.»

Das Einzigartige an Steiners Beitrag zur Erziehung besteht darin, daß er auf dem Weg der von ihm aufgebauten anthroposophischen Geisteswissenschaft konkrete Forschungsresultate über den Menschen gewann. Ohne sie wären seine Ideen allgemeine humanistische Forderungen, die er mit anderen Philosophen und Pädagogen teilte. Es kam Steiner aber gerade darauf an, konkret die Entwicklung des Kindes zu beschreiben, unter voller Berücksichtigung der unsichtbaren seelischen, moralischen und geistigen Dimensionen, so daß sich aus den Bedingungen dieser Entwicklung die Erziehung ergeben kann. In kühner Weise vergleicht er ganz praktisch und nüchtern die Erziehung mit der Bedienung einer Maschine. Da nütze es nichts, schöne Forderungen aufzustellen oder der Maschine gut zuzureden: «Nur wer nicht mit allgemeinen Redensarten, sondern mit wirklicher Kenntnis der Maschine im einzelnen an sie herantritt, kann sie handhaben. So handelt es sich auch für die Erziehungskunst um eine Kenntnis der Glieder der menschlichen Natur und deren Entwicklung im einzelnen.»

Vom Kleinkind zum Erwachsenen durchlebt der Mensch drei Geburten mit je einer etwa siebenjährigen Entwicklungsphase. Wie Steiner darlegt, folgt auf die Geburt des physischen Leibes mit dem Zahnwechsel diejenige des Ätherleibes, sodann mit der Geschlechtsreife diejenige des Astralleibes. Jede Altersstufe lebt ihre eigenen Qualitäten und verlangt nach den ihr entsprechenden Erziehungsmitteln. Steiners Forschungen ergaben, daß zuerst die Organe der physischen Leiblichkeit heranreifen, dann sich die dauerhaft bleibenden Seeleneigenschaften des Gemüts ausbilden, bevor erst mit der Geschlechtsreife die losgelöste, selbständige Urteilskraft des Verstandes erwacht. Diese Entdeckung ist bis heute die größte Herausforderung für die pädagogische Praxis in einem intellektuellen Zeitalter.

Bedeutet sie doch, daß das Lernen mit dem Verstand, wie der Erwachsene es gewöhnlich versteht, der Natur des Kindes zunächst nicht entspricht. Entschieden vertrat Steiner daher die Auffassung, daß die mit der Geschlechtsliebe erwachende freie Urteilskraft nur auf einem zuvor angelegten Boden sinnbildlich-gemüthafter Welterfahrung richtig gedeihe, während sie durch verfrühte intellektuell-abstrakte Bildung zu verkümmern drohe. Dies ist häufig mißverstanden worden. Nicht um ein Abhalten der Intelligenzkräfte handelt es sich, sondern gerade darum, diese in der vollen menschlichen Persönlichkeit zu verankern.

Wie eine Keimzelle enthält die 1907 erschienene Schrift «Die Erziehung des Kindes vom Gesichtspunkte der Geisteswissenschaft» die Grundideen der anthroposophischen Erziehungskunst. Eine gerade Linie führt von den in dieser kleinen Schrift erstmals niedergelegten Ideen zur heute international verbreiteten Methode der Waldorf- oder Rudolf-Steiner-Pädagogik, die Steiner ab 1919, nach den sozialen Erschütterungen des Ersten Weltkrieges, ins Leben zu rufen vermochte. Mit der Gründung freier Schulen und mit zahlreichen Vortrags- und Lehrerbildungskursen in Deutschland, der Schweiz, England, Holland und Norwegen wuchs der früh veranlagte Sproß in Idee und Praxis zu einem reichen pädagogischen Wirken heran, das einen bedeutenden Zweig von Steiners Gesamtwerk bildet. Die Beobachtung der leiblichen, seelischen und geistigen Natur der kindlichen Entwicklung, wie sie in den Aufbaujahren der anthroposophischen Geisteswissenschaft erstmals skizziert worden war, blieb dabei die wahre Inspirationsquelle aller Pädagogik im Sinne Rudolf Steiners.

Diese Ausgabe enthält die Schrift «Die Erziehung des Kindes vom Gesichtspunkte der Geisteswissenschaft» und die Nachschriften von zwei Vorträgen, in denen Steiner das Thema mündlich behandelte, bevor er es für die schriftliche Veröffentlichung ausarbeitete: «Über Erziehungsfragen», Steiners ersten Vortrag über anthroposophische Erziehung überhaupt, und den Vortrag «Schulfragen vom Standpunkt der Geisteswissenschaft».

Cornelius Bohlen

Die Erziehung des Kindes vom Gesichtspunkte der Geisteswissenschaft

Das gegenwärtige Leben stellt mancherlei in Frage, was der Mensch von seinen Vorfahren ererbt hat. Deshalb zeitigt es so viele «Zeitfragen» und «Zeitforderungen». Was für «Fragen» durchschwirren doch heute die Welt: die soziale Frage, die Frauenfrage, die Erziehungs- und Schulfragen, die Rechtsfragen, die Gesundheitsfragen usw. usw. Mit den mannigfaltigsten Mitteln sucht man diesen Fragen beizukommen. Die Zahl derer, welche mit diesem oder jenem Rezepte auftauchen, um diese oder jene Frage zu «lösen», oder wenigstens etwas zu ihrer Lösung beizutragen, ist eine unermeßlich große. Und alle möglichen Schattierungen in der menschlichen Stimmung machen sich dabei geltend: der Radikalismus, der sich revolutionär gebärdet, die gemäßigte Stimmung, welche, mit Achtung des Bestehenden, ein Neues daraus entwickeln möchte, und der Konservativismus, der sogleich in Aufregung gerät, wenn irgend etwas von alten Einrichtungen und Traditionen angetastet wird. Und neben diesen Hauptstimmungen treten alle möglichen Zwischenstufen auf.

Wer einen tieferen Blick ins Leben zu werfen vermag, der wird sich allen diesen Erscheinungen gegenüber eines Gefühls nicht erwehren können. Es besteht darinnen, daß unsere Zeit den Anforderungen, welche an die Menschen gestellt werden, vielfach mit unzulänglichen Mitteln gegenübertritt. Viele möchten das Leben reformieren, ohne es in seinen Grundlagen wirklich zu kennen. Wer Vorschläge machen will, wie es in der Zukunft geschehen soll, der darf sich nicht damit begnügen, das Leben nur an seiner Oberfläche kennenzulernen. Er muß es in seinen Tiefen erforschen.

Das ganze Leben ist wie eine Pflanze, welche nicht nur das enthält, was sie dem Auge darbietet, sondern auch noch einen Zukunftszustand in ihren verborgenen Tiefen birgt. Wer eine Pflanze vor sich hat, die erst Blätter trägt, der weiß ganz gut, daß nach einiger Zeit an dem blättertragenden Stamm auch Blüten und Früchte sein werden. Und im Verborgenen enthält schon jetzt diese Pflanze die Anlagen zu diesen Blüten und Früchten. Wie aber soll jemand sagen können, wie diese Organe aussehen werden, der nur das an der Pflanze erforschen wollte, was sie gegenwärtig dem Auge darbietet. Nur der kann es, der sich mit dem *Wesen* der Pflanze bekannt gemacht hat.

Auch das ganze menschliche Leben enthält die Anlagen seiner Zukunft in sich. Um aber über diese Zukunft etwas sagen zu können, muß man in die verborgene Natur des Menschen eindringen. Unsere Zeit hat aber dazu keine rechte Neigung. Sie beschäftigt sich mit dem, was an der Oberfläche erscheint, und glaubt ins Unsichere zu kommen, wenn sie zu demjenigen vordringen soll, das sich der äußeren Beobachtung entzieht. Bei der Pflanze ist die Sache allerdings wesentlich einfacher. Der Mensch weiß, daß ihresgleichen so und so oft Blüten und Früchte getragen haben. Das Menschenleben ist nur einmal vorhanden; und die Blüten, welche es in der Zukunft tragen soll, waren noch nicht da. Dessen ungeachtet sind sie im Menschen ebenso als Anlagen vorhanden wie die Blüten in einer gegenwärtig erst blättertragenden Pflanze.

Und es gibt eine Möglichkeit, über diese Zukunft etwas zu sagen, wenn man unter die Oberfläche der

Menschennatur bis zu ihrem Wesen vordringt. Die verschiedenen Reformideen der Gegenwart können erst wirklich fruchtbar und praktisch werden, wenn sie aus einer solchen tieferen Erforschung des Menschenlebens heraus gemacht werden.

Die Aufgabe, eine das Wesen des Menschenlebens umfassende praktische Weltauffassung zu geben, muß ihrer ganzen Anlage nach die Geisteswissenschaft haben. Ob das, was heute vielfach so genannt wird, berechtigt ist, einen solchen Anspruch zu erheben, darauf kommt es nicht an. Es handelt sich vielmehr um das Wesen der Geisteswissenschaft und darum, was sie diesem Wesen nach sein *kann*. Nicht eine graue Theorie soll sie sein, welche der bloßen Erkenntnisneugierde entgegenkommt, und auch nicht ein Mittel für einige Menschen, welche aus Selbstsucht für sich eine höhere Stufe der Entwicklung haben möchten. Sie *kann* sein ein Mitarbeiter an den wichtigsten Aufgaben der gegenwärtigen Menschheit, an der Entwicklung zu deren Wohlfahrt[1].

Sie wird allerdings damit rechnen müssen, mancherlei Anfechtungen und Zweifel zu erfahren, wenn sie sich gerade eine solche Mission zuerkennt. Radikale und Gemäßigte sowie Konservative auf allen Gebieten des Lebens werden ihr solche Zweifel entgegenbringen müssen. Denn sie wird es zunächst keiner Partei recht

---

1) Dieser Satz sollte nicht so gedacht werden, als ob die Geisteswissenschaft nur mit den umfassenden Fragen des Lebens zu tun haben wollte. So wahr es ist, daß sie im Sinne des oben Ausgeführten berufen ist, die Grundlagen zu liefern für Lösungsversuche *dieser* Fragen, so wahr ist es auch, daß sie für *jeden einzelnen*, an welcher Stelle im Leben er stehen mag, die Quelle sein kann, aus der er Antwort auf die alltäglichsten Lebensfragen, Trost, Kraft, Zuversicht im Dasein und Arbeiten zu schöpfen vermag. Sie kann sein die Stütze für die großen Lebensrätsel, aber ebenso für die unmittelbarsten Bedürfnisse des Augenblicks, auch in den – scheinbar – untergeordnetsten Lagen des Tageslebens.

machen können, weil ihre Voraussetzungen weit jenseits allen Parteigetriebes liegen.

Diese Voraussetzungen wurzeln nämlich einzig und allein in der wahren Lebenserkenntnis. Wer das Leben erkennt, der wird nur aus dem Leben selbst heraus sich seine Aufgaben stellen können. Er wird keine Willkürprogramme aufstellen; denn er weiß, daß in der Zukunft keine anderen Grundgesetze des Lebens herrschen werden als in der Gegenwart. Der Geistesforschung wird daher notwendigerweise die Achtung vor dem Bestehenden zukommen. Mag sie in demselben noch so viel Verbesserungsbedürftiges finden: Sie wird nicht ermangeln, in diesem Bestehenden selbst die Keime zur Zukunft zu sehen. Aber sie weiß auch, daß in allem Werden ein Wachsen und eine Entwicklung ist. Deshalb werden ihr in dem Gegenwärtigen die Keime zu einer Umwandlung, zu einem Wachstum erscheinen. Sie *erfindet* keine Programme, sie liest sie ab aus dem, was ist. Aber, was sie so liest, wird in gewissem Sinne selbst Programm, denn es trägt eben die Natur der Entwicklung in sich.

Gerade deshalb muß die geisteswissenschaftliche Vertiefung in das Wesen des Menschen die fruchtbarsten und am meisten praktischen Mittel liefern bei der Lösung der wichtigsten Lebensfragen der Gegenwart.

Hier soll dies für eine solche Frage gezeigt werden, für die *Erziehungsfrage*. Nicht Forderungen und Programme sollen aufgestellt, sondern die *Kindesnatur* soll einfach beschrieben werden. Aus dem Wesen des werdenden Menschen heraus werden sich wie von selbst die Gesichtspunkte für die Erziehung ergeben.

Will man dieses Wesen des *werdenden* Menschen erkennen, so muß man ausgehen von einer Betrachtung der *verborgenen* Natur des Menschen überhaupt.

Das, was die Sinnesbeobachtung am Menschen kennenlernt und was die materialistische Lebensauffassung als das Einzige im Wesen des Menschen gelten lassen will, ist für die geistige Erforschung nur ein Teil, ein Glied der Menschennatur, nämlich sein *physischer Leib*. Dieser physische Leib unterliegt denselben Gesetzen des physischen Lebens, er setzt sich aus denselben Stoffen und Kräften zusammen wie die ganze übrige sogenannte leblose Welt. Die Geisteswissenschaft sagt daher: Der Mensch habe diesen physischen Leib mit dem ganzen Mineralreich gemeinsam. Und sie bezeichnet am Menschen nur als physischen Leib, was dieselben Stoffe nach denselben Gesetzen zur Mischung, Verbindung, Gestaltung und Auflösung bringt, die auch in der mineralischen Welt als Stoffe nach eben diesen Gesetzen wirken.

Über diesen physischen Leib hinaus erkennt nun die Anthroposophie noch eine zweite Wesenheit im Menschen an: den Lebensleib oder Ätherleib. Der Physiker möge sich an der Bezeichnung «Ätherleib» nicht stoßen. «Äther» bezeichnet hier etwas anderes, als den hypothetischen Äther der Physik. Man nehme die Sache einfach als Bezeichnung für das hin, was in dem Folgenden beschrieben wird.

Es ist vor einiger Zeit als ein im höchsten Sinne unwissenschaftliches Beginnen aufgefaßt worden, von einem solchen «Ätherleib» zu sprechen. Am Ende des achtzehnten und in der ersten Hälfte des neunzehnten Jahrhunderts war es allerdings nicht «unwissenschaftlich». Da sagte man sich, die Stoffe und Kräfte, die in einem Mineral wirken, können aus sich selbst heraus nicht sich zum Lebewesen gestalten. Diesem muß noch eine besondere «Kraft» innewohnen, die man als «Lebenskraft» bezeichnete. Man stellte sich etwa vor, daß in einer Pflanze, in dem Tier, im Menschenleibe eine solche Kraft wirke und die Lebenserscheinungen hervorbringe, wie die magnetische Kraft in dem Magneten die Anziehung bewirkt. In der nachfolgenden Zeit des Materialismus ist eine solche Vorstellung beseitigt worden. Man sagte da, ein lebendiges Wesen baue sich in derselben Art auf wie ein sogenanntes lebloses; es herrschen im Organismus keine anderen Kräfte als im Mineral; sie wirken nur komplizierter; sie bauen ein zusammengesetzteres Gebilde auf. Gegenwärtig halten nur noch die starrsten Materialisten an dieser Ableugnung der «Lebenskraft» fest. Einer Reihe von Naturdenkern haben die Tatsachen gelehrt, daß man doch so etwas annehmen müsse wie Lebenskraft oder Lebensprinzip.

So kommt auf diese Art die neuere Wissenschaft in einem gewissen Sinne dem nahe, was die Geisteswissenschaft in bezug auf den Lebensleib sagt. Doch ist ein erheblicher Unterschied zwischen beiden. Die gegenwärtige Wissenschaft kommt aus den Tatsachen der sinnlichen Wahrnehmung durch Verstandeserwägungen zu der Annahme einer Art Lebenskraft. Dies ist aber nicht der Weg einer wirklichen Erforschung, von welcher die Geisteswissenschaft ausgeht und aus deren Ergebnissen die letztere ihre Mitteilungen macht. – Es kann nicht oft genug darauf hingewiesen werden, wie sich in diesem Punkte die Geisteswissenschaft unterscheidet von der landläufigen Wissenschaft der Gegenwart. Diese betrachtet die Sinneserfahrung als die Grundlage allen Wissens, und was nicht auf dieser Grundlage aufgebaut werden kann, hält sie nicht für wissbar. Sie zieht aus den Eindrücken der Sinne Schlüsse und Folgerungen. Was aber darüber hinausgeht, das lehnt sie ab und sagt davon, es liege jenseits der Grenzen des menschlichen Erkennens. Für die Geisteswissenschaft gleicht eine solche Ansicht derjenigen eines Blinden, der nur dasjenige gelten lassen will, was man tasten kann und was aus dem Getasteten durch Schlußfolgerung sich ergibt, und der die Aussagen der Sehenden als jenseits des menschlichen Erkenntnisvermögens ablehnt. Denn die Geisteswissenschaft zeigt, daß der Mensch entwicklungsfähig ist, daß er sich neue Welten durch Entfaltung neuer Organe erobern kann. Wie Farben und Licht um den Blinden sind, und dieser sie nur nicht wahrnehmen kann, weil er keine Organe dazu hat, so erklärt die Geisteswissenschaft: Es gibt viele Welten um den Menschen herum, und dieser kann sie wahrnehmen, wenn er nur die notwendigen Organe dazu ausbildet. Wie der Blinde in eine neue Welt blickt, sobald er operiert ist, so kann der Mensch durch Entfaltung höherer Organe noch ganz andere Welten erkennen als diejenigen sind, die ihm zunächst die gewöhnlichen Sinne wahrnehmen lassen. Ob nun ein leiblich Blinder operierbar ist oder nicht, das hängt von der Beschaffenheit der Organe ab; jene höheren Organe aber, durch welche der Mensch in übergeordnete Welten eindringen kann, sind im Keime bei jedem Menschen vorhanden. Jeder kann sie entwickeln, der Geduld, Ausdauer und Energie dazu hat, jene Methoden auf sich anzuwenden, welche in den Aufsätzen: «Wie erlangt man Erkenntnisse der höheren Welten?» beschrieben worden sind[2]. So spricht die Geisteswissenschaft überhaupt nicht: der Mensch habe durch seine Organisation Grenzen der Erkenntnis; sondern sie sagt: es gibt für den Menschen diejenigen Welten, für die er Wahrnehmungsorgane hat. Sie spricht nur von

---

2) Man findet diese Aufsätze in dem Buche: «Wie erlangt man Erkenntnisse höherer Welten?» (GA 10).

den Mitteln, die jeweiligen Grenzen zu erweitern. – So stellt sie sich auch zu der Erforschung des Lebens- oder Ätherleibes und alles dessen, was in dem folgenden noch als die höheren Glieder der Menschennatur angegeben wird. Sie gibt zu, daß der Erforschung der leiblichen Sinne nur der physische Leib zugänglich sein kann und daß man von ihrem Gesichtspunkte aus höchstens durch Schlußfolgerungen auf einen höheren verfallen kann. Aber sie teilt mit, wie man sich eine Welt erschließen kann, in welcher diese höheren Glieder der menschlichen Natur vor dem Beobachter in ähnlicher Art auftauchen, wie vor dem operierten Blindgeborenen die Farben und das Licht der Gegenstände. Für diejenigen, welche ihre höheren Wahrnehmungsorgane entwickelt haben, ist der Äther- oder Lebensleib ein Gegenstand der Beobachtung, nicht der Verstandestätigkeit und Schlußfolgerung.

Diesen Äther- oder Lebensleib hat der Mensch mit Pflanzen und Tieren gemeinsam. Er bewirkt, daß die Stoffe und Kräfte des physischen Leibes sich zu den Erscheinungen des Wachstums, der Fortpflanzung, der inneren Bewegung der Säfte usw. gestalten. Er ist also der Erbauer und Bildner des physischen Leibes, dessen Bewohner und Architekt. Man kann daher auch den physischen Leib ein Abbild oder einen Ausdruck dieses Lebensleibes nennen. In bezug auf Form und Größe sind beide beim Menschen annähernd, doch keineswegs ganz gleich. Bei den Tieren und noch mehr bei den Pflanzen unterscheidet sich aber der Ätherleib in bezug auf die Gestalt und Ausdehnung erheblich von dem physischen Leibe.

Das dritte Glied der menschlichen Wesenheit ist der sogenannte Empfindungs- oder Astralleib. Er ist der Träger von Schmerz und Lust, von Trieb, Begierde und

Leidenschaft usw. Alles dies hat ein Wesen nicht, welches bloß aus physischem Leib und Ätherleib besteht. Man kann alles das Genannte zusammenfassen unter dem Ausdrucke: Empfindung. Die Pflanze hat nicht Empfindung. Wenn in unserer Zeit mancher Gelehrte aus der Tatsache, daß manche Pflanzen auf Reize mit Bewegungen oder in anderer Art antworten, schließt: die Pflanzen haben ein gewisses Empfindungsvermögen, so zeigt er damit bloß, daß er das Wesen der Empfindung nicht kennt. Es kommt dabei nämlich nicht darauf an, daß das betreffende Wesen eine Antwort gibt auf einen äußeren Reiz, sondern vielmehr darauf, daß der Reiz sich durch einen *inneren* Vorgang wie Lust, oder Schmerz, Trieb, Begierde usw. abspiegelt. Hielte man dies nicht fest, so wäre man auch berechtigt, zu sagen, daß blaues Lakmuspapier eine Empfindung habe von gewissen Substanzen, weil es sich beim Berühren mit denselben rötet[3].

Den Empfindungsleib hat der Mensch nur noch mit der Tierwelt gemeinsam. Er ist also der Träger des Empfindungslebens.

---

3) Man muß auf das hier Gesagte mit besonderer Deutlichkeit hinweisen, weil gerade in unserer Zeit eine große Unklarheit in dieser Richtung besteht. Viele verwischen gegenwärtig den Unterschied zwischen Pflanze und Empfindungswesen, weil sie sich nicht klar sind über den eigentlichen Charakter der *Empfindung*. Wenn ein Wesen (oder Ding) auf einen Eindruck, der auf dasselbe von außen gemacht wird, in irgendeiner Weise eine Wirkung äußert, so ist man noch nicht berechtigt, zu sagen, es *empfindet* diesen Eindruck. Das kann man nur sagen, wenn es *in sich* den Eindruck *erlebt*, wenn also eine Art innerer Spiegelung des äußeren Reizes vorhanden ist. Die großen Fortschritte unserer Naturwissenschaft, die der Geistesforscher gewiss aufs höchste bewundert, haben eine Unklarheit in bezug auf höhere Begriffe gebracht. Gewisse Biologen wissen nicht, was Empfindung ist; deshalb schreiben sie eine solche auch empfindungslosen Wesen zu. Was sie – diese Biologen – unter Empfindung verstehen, das dürfen sie auch den empfindungslosen Wesen zuschreiben. Aber etwas ganz anderes ist, was die Geisteswissenschaft unter Empfindung verstehen muß.

Man darf nicht in den Fehler gewisser theosophischer Kreise verfallen und sich den Äther- und Empfindungsleib einfach aus feineren Stoffen bestehend denken, als sie im physischen Leib vorhanden sind. Das hieße diese höheren Glieder der menschlichen Natur vermaterialisieren. Der Ätherleib ist eine Kraftgestalt; er besteht aus wirkenden Kräften, nicht aber aus Stoff; und der Astral- oder Empfindungsleib ist eine Gestalt aus in sich beweglichen, farbigen, leuchtenden Bildern[4].

Der Empfindungsleib ist in Form und Größe von dem physischen Leibe abweichend. Er zeigt beim Menschen die Gestalt eines länglichen Eies, in dem der physische und der Ätherleib eingebettet sind. Er ragt an allen Seiten über die beiden als eine Lichtbildgestalt hervor.

Nun hat der Mensch ein viertes Glied seiner Wesenheit, das er nicht mit anderen Erdenwesen teilt. Dieses ist der Träger des menschlichen «Ich». Das Wörtchen «Ich», wie es zum Beispiel in der deutschen Sprache angewendet wird, ist ein Name, der sich von allen anderen Namen unterscheidet. Wer über die Natur dieses Namens in zutreffender Weise nachdenkt, der eröffnet sich damit zugleich den Zugang zur Erkenntnis der menschlichen Natur. Jeden anderen Namen können alle Menschen in der gleichen Art auf das ihm entsprechende Ding anwenden. Den Tisch kann jeder «Tisch», den Stuhl ein jeder «Stuhl» nennen. Bei dem Namen «Ich» ist dies nicht der Fall. Es kann ihn keiner anwenden zur Bezeichnung eines anderen; jeder kann nur sich selbst «Ich» nennen. Niemals kann der Name

---

4) Man muß unterscheiden zwischen dem *Erleben* des Empfindungsleibes *in sich* und dem *Wahrnehmen* desselben durch den geschulten Hellseher. Das, was dem erschlossenen geistigen Auge des letzteren vorliegt, ist mit obigem gemeint.

«Ich» an mein Ohr klingen als Bezeichnung für *mich*. Indem der Mensch sich als «Ich» bezeichnet, muß er in sich selbst sich benennen. Ein Wesen, das zu sich «Ich» sagen kann, ist eine Welt für sich. Diejenigen Religionen, welche auf Geisteswissenschaft gebaut sind, haben das immer empfunden. Sie haben daher gesagt: Mit dem «Ich» beginne der «Gott», der sich bei niedrigeren Wesen nur von außen in den Erscheinungen der Umgebung offenbart, *im Innern* zu sprechen. Der Träger der hier geschilderten Fähigkeit ist nun der «Ich-Leib», das vierte Glied der menschlichen Wesenheit[5].

Dieser «Ich-Leib» ist der Träger der höheren Menschenseele. Durch ihn ist der Mensch die Krone der Erdenschöpfung. Das «Ich» ist aber in dem gegenwärtigen Menschen keineswegs eine einfache Wesenheit. Man kann seine Natur erkennen, wenn man die Menschen verschiedener Entwicklungsstufen miteinander vergleicht. Man blicke auf den ungebildeten Wilden und den europäischen Durchschnittsmenschen und vergleiche diesen wieder mit einem hohen Idealisten. Sie haben alle die Fähigkeit, zu sich «Ich» zu sagen; der «Ich-Leib» ist bei allen vorhanden. Der ungebildete Wilde folgt aber seinen Leidenschaften, Trieben und Begierden mit diesem «Ich» fast wie das Tier. Der höher Entwickelte sagt sich gegenüber gewissen Neigungen und Lüsten: diesen darfst du folgen, andere zügelt er und unterdrückt sie. Der Idealist hat zu den ursprünglichen Neigungen und Leidenschaften höhere hinzugebildet. Dies ist alles dadurch geschehen, daß das «Ich»

---

5) Man stoße sich nicht an dem Ausdruck «Ich-Leib». Es ist dabei natürlich nichts Grobmaterielles gemeint. Es ist aber nur möglich, in der Geisteswissenschaft die Worte der gewöhnlichen Sprache zu verwenden. Und da diese für Materielles angewendet werden, so muß man bei Anwendung in der Geisteswissenschaft sie selbst erst ins Geistige übersetzen.

an den andern Gliedern der menschlichen Wesenheit gearbeitet hat. Ja darinnen liegt gerade die Aufgabe des «Ich», daß es die anderen Glieder von sich aus veredelt und läutert.

So sind bei demjenigen Menschen, der hinausgelangt ist über den Zustand, in den ihn die äußere Welt versetzt hat, die niederen Glieder unter dem Einfluß des Ich mehr oder weniger verändert worden. In dem Zustande, in dem sich der Mensch über das Tier eben erhebt, indem sein «Ich» aufblitzt, gleicht er in bezug auf die niederen Glieder noch dem Tiere. Sein Äther- oder Lebensleib ist lediglich der Träger der lebendigen Bildungskräfte, des Wachstums und der Fortpflanzung. Sein Empfindungsleib drückt nur solche Triebe, Begierden und Leidenschaften aus, welche durch die äußere Natur angeregt werden. Indem der Mensch von dieser Bildungsstufe aus durch die aufeinanderfolgenden Leben oder Verkörperungen zu immer höherer Entwicklung sich hindurchringt, arbeitet sein Ich die anderen Glieder um. So wird der Empfindungsleib der Träger geläuterter Lust- und Unlustgefühle, verfeinerter Wünsche und Begierden. Und auch der Äther- oder Lebensleib gestaltet sich um. Er wird der Träger der Gewohnheiten, der bleibenden Neigungen, des Temperamentes und des Gedächtnisses. Ein Mensch, dessen Ich noch nicht gearbeitet hat an seinem Lebensleib, hat keine Erinnerung an die Erlebnisse, die er macht. Er lebt sich so aus, wie es die Natur ihm eingepflanzt hat.

Die ganze Kulturentwicklung drückt sich für den Menschen in solcher Arbeit des Ich an seinen untergeordneten Gliedern aus. Diese Arbeit geht bis in den physischen Leib hinunter. Unter dem Einflusse des Ich ändert sich die Physiognomie, ändern sich die Gesten und Bewegungen, das ganze Aussehen des physischen Leibes.

Man kann auch unterscheiden, wie die verschiedenen Kultur- und Bildungsmittel auf die einzelnen Glieder der menschlichen Wesenheit verschieden wirken. Die gewöhnlichen Kulturfaktoren wirken auf den Empfindungsleib; sie bringen diesem andere Arten von Lust und Unlust, von Trieben usw. bei, als er vom Ursprunge aus hatte. Die Versenkung in die Werke der Kunst wirkt auf den Ätherleib. Indem der Mensch durch das Kunstwerk die Ahnung eines Höheren, Edleren erhält als das ist, was die Sinnesumgebung darbietet, gestaltet er seinen Lebensleib um. Ein mächtiges Mittel zur Läuterung und Veredelung des Ätherleibes ist die Religion. Die religiösen Impulse haben dadurch ihre großartige Mission in der Menschheitsentwicklung.

Das, was man Gewissen nennt, ist nichts anderes als das Ergebnis der Arbeit des Ich an dem Lebensleib durch eine Reihe von Verkörperungen hindurch. Wenn der Mensch einsieht, daß er dies oder jenes nicht tun soll, und wenn durch diese Einsicht ein so starker Eindruck auf ihn gemacht wird, daß sich dieser bis in seinen Ätherleib fortpflanzt, so entsteht eben das Gewissen.

Nun kann diese Arbeit des «Ich» an den untergeordneten Gliedern entweder eine solche sein, die mehr dem ganzen Menschengeschlechte eigen ist, oder sie kann ganz individuell eine Leistung des einzelnen Ich an sich selbst sein. An der ersteren Umwandlung des Menschen arbeitet gewissermaßen die ganze menschliche Gattung mit; die letztere muß auf der eigensten Tätigkeit des Ich beruhen. Wenn nun das «Ich» so stark wird, daß es nur durch die eigenste Kraft den Empfindungsleib umarbeitet, so nennt man dasjenige, was das Ich auf diese Art aus diesem Empfindungs- oder Astralleibe macht: das Geistselbst (oder mit einem morgenländischen Ausdrucke: Manas). Diese Umgestaltung beruht im wesentlichen auf einem Lernen, auf einem Bereichern des Innern mit höheren Ideen und Anschauungen. – Es kann aber das Ich noch zu einer höheren ureigensten Arbeit an der eigenen Wesenheit des Menschen kommen. Dies geschieht, wenn nicht bloß der Astralleib bereichert, sondern der Äther- oder Lebensleib umgestaltet wird. Der Mensch lernt so manches im Leben; und wenn er von irgendeinem Punkte aus auf dieses Leben zurückblickt, so kann er sich sagen: ich habe vieles gelernt; aber er wird in einem viel geringeren Maße von einer Umwandlung von Temperament, Charakter, von einem Besser- oder Schlechterwerden des Gedächtnisses während des Lebens sprechen können. Das Lernen betrifft den Astralleib; die letzteren Umwandlungen dagegen betreffen den Äther- oder Lebensleib. Es ist daher kein unzutreffendes Bild, wenn man die Veränderung des Astralleibes im Leben mit dem Gang des Minutenzeigers der Uhr, die Umwandlung des Lebensleibes mit demjenigen des Stundenzeigers vergleicht.

Wenn der Mensch in die höhere oder sogenannte Geheimschulung eintritt, so kommt es vor allem darauf an, daß er diese letztere Umwandlung aus der ureigensten Macht des Ich heraus vornimmt. Er muß ganz bewußt und individuell an der Verwandlung von Gewohnheiten, Temperament, Charakter, Gedächtnis usw. arbeiten. So viel er auf diese Art in den Lebensleib hineinarbeitet, so viel verwandelt er diesen, im Sinne der geisteswissenschaftlichen Ausdrucksweise, in Lebensgeist (oder, wie der morgenländische Ausdruck lautet, in Budhi).

Auf einer noch höheren Stufe gelangt der Mensch dazu, Kräfte zu erlangen, durch die er auf seinen physischen Leib umgestaltend wirken kann (zum Beispiel

Blutkreislauf, Puls verwandeln). So viel auf diese Art vom physischen Leib umgestaltet ist, wird Geistmensch (morgenländisch Atma) genannt.

Die Umwandlungen, welche der Mensch an seinen niederen Gliedern mehr im Sinne der ganzen menschlichen Gattung, oder eines Teiles derselben, zum Beispiel eines Volkes, Stammes, einer Familie, vollführt, führen folgende Namen in der Geisteswissenschaft. Es heißt der vom Ich aus umgewandelte Astral- oder Empfindungsleib die Empfindungsseele, der umgewandelte Ätherleib wird Verstandesseele und der umgewandelte physische Leib Bewußtseinsseele genannt. Man darf sich aber nicht etwa vorstellen, daß die Umwandlung dieser drei Glieder nacheinander erfolge. Sie geschieht an allen drei Leibern vom Aufblitzen des Ich an gleichzeitig. Ja, die Arbeit des Ich wird dem Menschen überhaupt nicht früher deutlich wahrnehmbar, bis ein Teil der Bewußtseinsseele ausgestaltet ist.

Man sieht aus dem Vorhergehenden, daß man beim Menschen von vier Gliedern seiner Wesenheit sprechen kann: dem physischen Leib, dem Äther- oder Lebensleib, dem Astral- oder Empfindungsleib und dem Ichleib. – Empfindungsseele, Verstandesseele, Bewußtseinsseele, ja auch die noch höheren Glieder der menschlichen Natur: Geistselbst, Lebensgeist, Geistesmensch treten als Umwandlungsprodukte an diesen vier Gliedern auf. Wenn von den Trägern der Eigenschaften des Menschen die Rede ist, so kommen in der Tat nur jene vier Glieder in Betracht.

Als Erzieher arbeitet man an diesen vier Gliedern der menschlichen Wesenheit. Will man in der rechten Art arbeiten, so muß man die Natur dieser Teile des Menschen erforschen. Nun darf man sich keineswegs vorstellen, daß diese Teile sich so am Menschen entwickeln, daß sie in irgendeinem Zeitpunkte seines Lebens, etwa bei seiner Geburt, alle gleichmäßig weit wären. Ihre Entwicklung geschieht vielmehr in den verschiedenen Lebensaltern in einer verschiedenen Art. Und auf der Kenntnis dieser Entwicklungsgesetze der menschlichen Natur beruht die rechte Grundlage der Erziehung und auch des Unterrichtes.

Vor der physischen Geburt ist der werdende Mensch allseitig von einem fremden physischen Leib umschlossen. Er tritt nicht selbständig mit der physischen Aussenwelt in Berührung. Der physische Leib der Mutter ist seine Umgebung. Nur dieser Leib kann auf den reifenden Menschen wirken. Die physische Geburt besteht eben darinnen, daß die physische Mutterhülle den Menschen entlässt und daß dadurch die Umgebung der physischen Welt unmittelbar auf ihn wirken kann. Die Sinne öffnen sich der Außenwelt. Diese erhält damit den Einfluß auf den Menschen, den vorher die physische Mutterhülle gehabt hat.

Für eine geistige Weltauffassung, wie sie von der Geistesforschung vertreten wird, ist damit wohl der physische Leib geboren, noch nicht aber der Äther- oder Lebensleib. Wie der Mensch bis zu seinem Geburtszeitpunkte von einer physischen Mutterhülle, so ist er bis zur Zeit des Zahnwechsels, also etwa bis zum siebenten Jahre von einer Ätherhülle und einer Astralhülle umgeben. Erst während des Zahnwechsels entlässt die Ätherhülle den Ätherleib. Dann bleibt noch eine Astralhülle bis zum Eintritt der Geschlechtsreife[6]. In diesem

---

6) Man würde das Obige nicht in seiner vollen Deutlichkeit verstehen, wenn man den Einwand machen wollte, daß doch das Kind auch vor dem Zahnwechsel Gedächtnis usw. habe und vor der Geschlechtsreife die Fähigkeiten, die an den Astralleib gebunden sind. Man muß sich da doch klarmachen, daß sowohl der Ätherleib wie der Astralleib vom

Zeitpunkt wird auch der Astral- oder Empfindungsleib nach allen Seiten frei, wie es der physische Leib bei der physischen Geburt, der Ätherleib beim Zahnwechsel geworden sind.

So muß die Geisteswissenschaft von *drei Geburten* des Menschen reden. Bis zum Zahnwechsel können Eindrücke, die an den Ätherleib kommen sollen, diesen ebenso wenig erreichen, wie das Licht und die Luft der physischen Welt den physischen Leib erreichen können, solange dieser im Schoße der Mutter ruht.

Bevor der Zahnwechsel eintritt, arbeitet am Menschen nicht der freie Lebensleib. Wie im Leibe der Mutter der physische Leib die Kräfte empfängt, die nicht seine eigenen sind, und innerhalb der schützenden Hülle allmählich die eigenen entwickelt, so ist es mit den Kräften des Wachstums der Fall bis zum Zahnwechsel. Der Ätherleib arbeitet da erst die eigenen Kräfte aus im Verein mit den ererbten fremden. Während dieser

---

Anfange an vorhanden sind, nur eben unter der oben besprochenen schützenden Hülle. Gerade diese schützende Hülle befähigt zum Beispiel den Ätherleib, bis zum Zahnwechsel die Eigenschaften des Gedächtnisses ganz besonders zum Vorschein zu bringen. Aber es sind ja doch auch die physischen Augen am Kindeskeime schon vorhanden unter dessen schützender physischer Mutterhülle. Genau in dem Sinne, wie auf diese geschützten Augen nicht das äußere physische Sonnenlicht einwirken soll, so nicht die äußere Erziehung auf die *Ausbildung* des Gedächtnisses vor dem Zahnwechsel. Man wird vielmehr bemerken, wie sich in dieser Zeit das Gedächtnis *durch sich selbst* frei entfaltet, wenn man ihm Nahrung gibt und noch nicht auf seine Entwicklung durch Äußeres sieht. So ist es auch mit den Eigenschaften, deren Träger der Astralleib ist, vor der Geschlechtsreife. Man muß ihnen Nahrung geben, aber immer im Bewußtsein der obigen Ausführungen, daß der Astralleib unter einer schützenden Hülle liegt. Es ist eben etwas anderes, die im Astralleib schon liegenden Entwicklungskeime *vor* der Geschlechtsreife zu pflegen und den selbständig gewordenen Astralleib *nach* der Geschlechtsreife demjenigen in der Außenwelt auszusetzen, was er *ohne* Hülle verarbeiten kann. Dieser Unterschied ist sicherlich ein subtiler; aber ohne auf ihn einzugehen, kann man das Wesen der Erziehung *nicht* verstehen.

Zeit des Freiwerdens des Ätherleibes ist der physische Leib aber schon selbständig. Es arbeitet der sich befreiende Ätherleib das aus, was er dem physischen Leib zu geben hat. Und der Schlußpunkt dieser Arbeit sind die eigenen Zähne des Menschen, die an die Stelle der vererbten treten. Sie sind die dichtesten Einlagerungen in dem physischen Leib und treten daher in dieser Zeitperiode zuletzt auf.

Nach diesem Zeitpunkt besorgt das Wachstum der eigene Lebensleib allein. Allein, dieser steht jetzt noch unter dem Einfluße eines umhüllten Astralleibes. In dem Augenblicke, wo auch der Astralleib frei wird, schließt der Ätherleib eine Periode ab. Dieser Abschluß drückt sich in der Geschlechtsreife aus. Die Fortpflanzungsorgane werden selbständig, weil nunmehr der freie Astralleib nicht mehr nach innen wirkt, sondern hüllenlos der Außenwelt unmittelbar entgegentritt.

Wie man nun auf das noch ungeborene Kind nicht die Einflüsse der Außenwelt, als physische, wirken lassen kann, so sollte man auch auf den Ätherleib vor dem Zahnwechsel nicht diejenigen Kräfte wirken lassen, welche ihm dasselbe sind wie dem physischen Leibe die Eindrücke der physischen Umgebung. Und auf den Astralleib sollte man die entsprechenden Einflüsse erst vom Augenblicke der Geschlechtsreife an spielen lassen.

Nicht allgemeine Redensarten, wie etwa «harmonische Ausbildung aller Kräfte und Anlagen» und dergleichen, können die Grundlage einer echten Erziehungskunst sein, sondern nur auf einer wirklichen Erkenntnis der menschlichen Wesenheit kann eine solche aufgebaut werden. Es soll nicht etwa behauptet werden, daß die angedeuteten Redensarten unrichtig wären, sondern nur, daß sich mit ihnen ebensowenig anfangen lässt, wie wenn man etwa einer Maschine gegenüber behaupten wollte, man müsse alle ihre Teile harmonisch in Wirksamkeit bringen. Nur wer nicht mit allgemeinen Redensarten, sondern mit wirklicher Kenntnis der Maschine im einzelnen an sie herantritt, kann sie handhaben. So handelt es sich auch für die Erziehungskunst um eine Kenntnis der Glieder der menschlichen Wesenheit und deren Entwicklung im einzelnen ... Man muß wissen, auf welchen Teil der menschlichen Wesenheit man in einem bestimmten Lebensalter einzuwirken hat und wie solche Einwirkung sachgemäß geschieht. Es ist ja kein Zweifel, daß sich eine wirklich realistische Erziehungskunst, wie sie hier angedeutet wird, nur langsam Bahn brechen kann. Das liegt in der Anschauungsweise unserer Zeit, die noch lange die Tatsachen der geistigen Welt als den Ausfluß einer tollen Phantastik ansehen wird, während ihr allgemeine, völlig unwirkliche Redensarten als das Ergebnis einer realistischen Denkungsart erscheinen werden. Hier soll rückhaltlos gezeichnet werden, was gegenwärtig von vielen als Phantasiegemälde genommen werden wird, was aber einmal als selbstverständlich gelten wird.

Mit der physischen Geburt wird der physische Menschenleib der physischen Umgebung der äußeren Welt ausgesetzt, während er vorher von der schützenden Mutterhülle umgeben war. Was vorher die Kräfte und Säfte der Mutterhülle an ihm getan haben, das müssen jetzt die Kräfte und Elemente der äußeren physischen Welt an ihm tun. Bis zum Zahnwechsel im siebenten Jahre hat der Menschenleib eine Aufgabe an sich zu verrichten, die wesentlich verschieden von den Aufgaben aller anderen Lebensepochen ist. Die physischen Organe müssen in dieser Zeit sich in gewisse Formen bringen; ihre Strukturverhältnisse müssen bestimmte Richtungen und Tendenzen erhalten. Später findet

Wachstum statt, aber dieses Wachstum geschieht in aller Folgezeit auf Grund der Formen, die sich bis zu der angegebenen Zeit herausgebildet haben. Haben sich richtige Formen herausgebildet, so wachsen richtige Formen, haben sich Missformen herausgebildet, so wachsen Missformen. Man kann in aller Folgezeit nicht wieder gutmachen, was man in der Zeit bis zum siebenten Jahre als Erzieher versäumt hat. Wie die Natur vor der Geburt die richtige Umgebung für den physischen Menschenleib herstellt, so hat der Erzieher nach der Geburt für die richtige physische Umgebung zu sorgen. Nur diese richtige physische Umgebung wirkt auf das Kind so, daß seine physischen Organe sich in die richtigen Formen prägen.

Es gibt zwei Zauberworte, welche angeben, wie das Kind in ein Verhältnis zu seiner Umgebung tritt. Diese sind: *Nachahmung* und *Vorbild*. Der griechische Philosoph Aristoteles hat den Menschen das nachahmendste der Tiere genannt; für kein Lebensalter gilt dieser Ausspruch mehr als für das kindliche bis zum Zahnwechsel. Was in der physischen Umgebung vorgeht, das ahmt das Kind nach, und im Nachahmen gießen sich seine physischen Organe in die Formen, die ihnen dann bleiben. Man muß die physische Umgebung nur in dem denkbar weitesten Sinne nehmen. Zu ihr gehört nicht etwa nur, was materiell um das Kind herum vorgeht, sondern alles, was sich in des Kindes Umgebung abspielt, was von seinen Sinnen wahrgenommen werden kann, was vom physischen Raum aus auf seine Geisteskräfte wirken kann. Dazu gehören auch alle moralischen oder unmoralischen, alle gescheiten und törichten Handlungen, die es sehen kann.

Nicht moralische Redensarten, nicht vernünftige Belehrungen wirken auf das Kind in der angegebenen

Richtung, sondern dasjenige, was die Erwachsenen in seiner Umgebung sichtbar vor seinen Augen tun. Belehrungen wirken nicht formenbildend auf den physischen Leib, sondern auf den Ätherleib, und der ist ja bis zum siebenten Jahre ebenso von einer schützenden Äthermutterhülle umgeben, wie der physische Leib bis zur physischen Geburt von der physischen Mutterhülle umgeben ist. Was sich in diesem Ätherleibe vor dem siebenten Jahre an Vorstellungen, Gewohnheiten, an Gedächtnis usw. entwickeln soll, das muß sich in ähnlicher Art «von selbst» entwickeln, wie sich die Augen und die Ohren im Mutterleibe ohne die Einwirkung des äußeren Lichtes entwickeln ... Es ist ohne Zweifel richtig, was man in einem ausgezeichneten pädagogischen Buche lesen kann, in Jean Pauls «Levana» oder «Erziehlehre», daß ein Weltreisender mehr von seiner Amme in den ersten Jahren lernt, als auf allen seinen Weltreisen zusammen. Aber das Kind lernt eben nicht durch Belehrung, sondern durch Nachahmung. Und seine physischen Organe bilden sich ihre Formen durch die Einwirkung der physischen Umgebung. Es bildet sich ein gesundes Sehen aus, wenn man die richtigen Farben- und Lichtverhältnisse in des Kindes Umgebung bringt, und es bilden sich in Gehirn und Blutumlauf die physischen Anlagen für einen gesunden moralischen Sinn, wenn das Kind Moralisches in seiner Umgebung sieht. Wenn vor dem siebenten Jahre das Kind nur törichte Handlungen in seiner Umgebung sieht, so nimmt das Gehirn solche Formen an, die es im späteren Leben auch nur zu Torheiten geeignet machen.

Wie die Muskeln der Hand stark und kräftig werden, wenn sie die ihnen gemäße Arbeit verrichten, so wird das Gehirn und werden die anderen Organe des physischen Menschenleibes in die richtigen Bahnen gelenkt, wenn sie die richtigen Eindrücke von ihrer Umgebung erhalten. Ein Beispiel wird am besten anschaulich machen, um was es sich handelt. Man kann einem Kinde eine Puppe machen, indem man eine alte Serviette zusammenwindet, aus zwei Zipfeln Beine, aus zwei anderen Zipfeln Arme fabriziert, aus einem Knoten den Kopf, und dann mit Tintenklecksen Augen und Nase und Mund malt. Oder man kann eine sogenannte «schöne» Puppe mit echten Haaren und bemalten Wangen kaufen und sie dem Kinde geben. Es braucht hier gar nicht einmal davon gesprochen zu werden, daß diese Puppe natürlich doch scheußlich ist und den gesunden ästhetischen Sinn für Lebenszeit zu verderben geeignet ist. Die Haupterziehungsfrage dabei ist eine andere. Wenn das Kind die zusammengewickelte Serviette vor sich hat, so muß es sich aus seiner Phantasie heraus das ergänzen, was das Ding erst als Mensch erscheinen lässt. Diese Arbeit der Phantasie wirkt bildend auf die Formen des Gehirns. Dieses schließt sich auf, wie sich die Muskeln der Hand aufschließen durch die ihnen angemessene Arbeit. Erhält das Kind die sogenannte «schöne Puppe», so hat das Gehirn nichts mehr zu tun. Es verkümmert und verdorrt, statt sich aufzuschließen ... Könnten die Menschen wie der Geisteswissenschafter hineinschauen in das sich in seinen Formen aufbauende Gehirn, sie würden sicher ihren Kindern nur solche Spielzeuge geben, welche geeignet sind, die Bildungstätigkeit des Gehirns lebendig anzuregen. Alle Spielzeuge, welche nur aus toten mathematischen Formen bestehen, wirken verödend und ertötend auf die Bildungskräfte des Kindes, dagegen wirkt in der richtigen Art alles, was die Vorstellung des Lebendigen erregt. Unsere materialistische Zeit bringt nur wenig gute Spielzeuge hervor. Was für ein gesundes Spielzeug ist zum Beispiel das, welches durch zwei verschiebbare Hölzer zwei Schmiede zeigt, die einander zugekehrt einen Gegenstand behämmern. Man kann dergleichen noch auf dem Lande einkaufen. Sehr gut sind auch jene Bilderbücher, deren Figuren durch Fäden von unten gezogen werden können, so daß sich das Kind selbst das tote Bild in die Abbildung von Handlungen umsetzen kann. Das alles schafft innere Regsamkeit der Organe, und aus dieser Regsamkeit baut sich die richtige Form der Organe auf.

Diese Dinge können ja natürlich hier nur angedeutet werden, aber die Geisteswissenschaft wird künftig berufen sein, im einzelnen das Nötige anzugeben, und das vermag sie. Denn sie ist nicht eine leere Abstraktion, sondern eine Summe lebensvoller Tatsachen, welche Leitlinien für die Wirklichkeit abzugeben vermögen.

Nur ein paar Beispiele mögen noch angeführt werden. Anders muß im Sinne der Geisteswissenschaft ein sogenanntes nervöses, ein aufgeregtes, anders ein lethargisches, unregsames Kind in bezug auf seine Umgebung behandelt werden. Alles kommt da in Betracht, von den Farben des Zimmers und der anderen Gegenstände, welche das Kind gewöhnlich umgeben, bis zu den Farben der Kleider, die man ihm anzieht. Man wird da oft das Verkehrte tun, wenn man sich nicht von der Geisteswissenschaft leiten lässt, denn der materialistische Sinn wird in vielen Fällen gerade zum Gegenteile vom richtigen greifen. Ein aufgeregtes Kind muß man mit roten oder rotgelben Farben umgeben und ihm Kleider in solchen Farben machen lassen, dagegen ist bei einem unregsamen Kinde zu den blauen oder blaugrünen Farben zu greifen. Es kommt nämlich auf die Farbe an, die als Gegenfarbe im Inneren erzeugt wird. Das ist zum Beispiel bei Rot die grüne, bei Blau die orangegelbe Farbe, wie man sich leicht überzeugen kann, wenn man eine Weile auf eine entsprechend gefärbte Fläche blickt und dann rasch das Auge auf eine weiße Fläche richtet. Diese Gegenfarbe wird von den physischen Organen des Kindes erzeugt und bewirkt die entsprechenden dem Kinde notwendigen Organstrukturen. Hat das aufgeregte Kind eine rote Farbe in seiner Umgebung, so erzeugt es in seinem Inneren das grüne Gegenbild. Und die Tätigkeit des Grünerzeugens wirkt beruhigend, die Organe nehmen die Tendenz der Beruhigung in sich auf.

Durchgreifend ist für dieses Lebensalter eines zu berücksichtigen: nämlich, daß der physische Leib sich den Gradmesser schafft für das, was ihm zuträglich ist. Er tut das durch die entsprechende Ausgestaltung der Begierde. Man kann im allgemeinen sagen, daß der gesunde physische Leib nach dem Verlangen trägt, was ihm frommt. Und solange es auf den physischen Leib bei dem heranwachsenden Menschen ankommt, soll man intim hinsehen auf das, was das gesunde Verlangen, die Begierde, die Freude haben wollen. Freude und Lust sind die Kräfte, welche die physischen Formen der Organe in der richtigsten Art herauslocken. Man kann in dieser Richtung allerdings schwer sündigen, indem man das Kind nicht in die entsprechenden physischen Verhältnisse zur Umgebung setzt. Das kann insbesondere in bezug auf die Nahrungsinstinkte geschehen. Man kann das Kind mit solchen Dingen überfüttern, daß es seine gesunden Nahrungsinstinkte vollständig verliert, während man sie ihm durch die richtige Ernährung so erhalten kann, daß es genau bis auf das Glas Wasser alles verlangt, was ihm unter gewissen Verhältnissen zuträglich ist, und alles zurückweist, was ihm schaden kann. Die Geisteswissenschaft wird bis auf die einzelnen Nahrungs- und Genussmittel alles anzugeben wissen, was hier in Betracht kommt, wenn sie zum Aufbau einer Erziehungskunst aufgerufen wird. Denn sie ist eine realistische Sache für das Leben, nicht eine graue Theorie, als was sie allerdings heute noch nach den Verirrungen mancher Anthroposophen erscheinen könnte.

Zu den Kräften, welche bildsam auf die physischen Organe wirken, gehört also Freude an und mit der Umgebung. Heitere Mienen der Erzieher, und vor allem redliche, keine erzwungene Liebe. Solche Liebe, welche die physische Umgebung gleichsam warm durchströmt, brütet im wahren Sinn des Wortes die Formen der physischen Organe aus.

Wenn die Nachahmung gesunder Vorbilder in solcher Atmosphäre der Liebe möglich ist, dann ist das Kind in seinem richtigen Elemente. Strenge sollte daher darauf gesehen werden, daß in der Umgebung des Kindes nichts geschieht, was das Kind nicht nachahmen dürfte. Man sollte nichts tun, wovon man dem Kinde sagen müsste, das darfst du nicht tun ... Wie das Kind auf die Nachahmung aus ist, davon kann man sich überzeugen, wenn man beobachtet, daß es Schriftzeichen nachmalt, lange bevor es sie versteht. Es ist sogar ganz gut, wenn das Kind zuerst die Schriftzeichen nachmalt und dann erst später ihren Sinn verstehen lernt. Denn die Nachahmung gehört der Entwicklungsepoche des physischen Leibes an, während der Sinn zu dem Ätherleib spricht, und auf diesen sollte man erst nach dem Zahnwechsel einwirken, wenn seine äußere Ätherhülle von ihm gefallen ist. Besonders sollte alles Sprechenlernen im Sinne der Nachahmung in diesen Jahren geschehen. Hörend lernt das Kind am besten sprechen. Alle Regeln und alle künstliche Belehrung können nichts Gutes wirken.

Im frühen Kindesalter ist insbesondere wichtig, daß solche Erziehungsmittel wie zum Beispiel Kinderlieder möglichst einen schönen rhythmischen Eindruck auf die Sinne machen. Weniger auf den *Sinn* als vielmehr auf den schönen *Klang* ist der Wert zu legen. Je erfrischender etwas auf Auge und Ohr wirkt, desto besser ist es. Man sollte nicht unterschätzen, was zum Beispiel tanzende Bewegungen nach musikalischem Rhythmus für eine organbildende Kraft haben.

Mit dem Zahnwechsel streift der Ätherleib die äußere Ätherhülle ab, und damit beginnt die Zeit, in der von außen erziehend auf den Ätherleib eingewirkt werden kann. Man muß sich klarmachen, was von außen auf den Ätherleib wirken kann. Die Umbildung und das Wachstum des Ätherleibes bedeutet Umbildung beziehungsweise Entwicklung der Neigungen, Gewohnheiten, des Gewissens, des Charakters, des Gedächtnisses, der Temperamente. Auf den Ätherleib wirkt man durch Bilder, durch Beispiele, durch geregeltes Lenken der Phantasie. Wie man dem Kinde bis zum siebenten Jahre das physische Vorbild geben muß, das es nachahmen kann, so muß in die Umgebung des werdenden Menschen zwischen dem Zahnwechsel und der Geschlechtsreife alles das gebracht werden, nach dessen innerem Sinn und Wert es sich richten kann. Das Sinnvolle, das durch das Bild und Gleichnis wirkt, ist jetzt am Platze. Der Ätherleib entwickelt seine Kraft, wenn eine geregelte Phantasie sich richten kann nach dem, was sie sich an den lebenden oder dem Geiste vermittelten Bildern und Gleichnissen enträtseln und zu seiner Richtschnur nehmen kann. Nicht abstrakte Begriffe wirken in der richtigen Weise auf den wachsenden

Ätherleib, sondern das Anschauliche, nicht das Sinnlich-, sondern das Geistig-Anschauliche. Die geistige Anschauung ist das richtige Erziehungsmittel in diesen Jahren. Daher kommt es vor allen Dingen darauf an, daß der junge Mensch in diesen Jahren in seinen Erziehern selbst Persönlichkeiten um sich hat, durch deren Anschauung in ihm die wünschenswerten intellektuellen und moralischen Kräfte erweckt werden können. Wie für die ersten Kindesjahre *Nachahmung und Vorbild* die Zauberworte der Erziehung sind, so sind es für die jetzt in Rede stehenden Jahre: *Nachfolge und Autorität*. Die selbstverständliche, nicht erzwungene Autorität muß die unmittelbare geistige Anschauung darstellen, an der sich der junge Mensch Gewissen, Gewohnheiten, Neigungen herausbildet, an der sich sein Temperament in geregelte Bahnen bringt, mit deren Augen er die Dinge der Welt betrachtet. Das schöne Dichterwort , «ein jeglicher muß seinen Helden wählen, dem er die Wege zum Olymp hinauf sich nacharbeitet», es gilt insbesondere von diesem Lebensalter. Verehrung und Ehrfurcht sind Kräfte, durch welche der Ätherleib in der richtigen Weise wächst. Und wem es unmöglich war, in der in Rede stehenden Zeit zu jemand in unbegrenzter Verehrung hinaufzuschauen, der wird dieses in seinem ganzen späteren Leben zu büßen haben. Wo diese Verehrung fehlt, da verkümmern die lebendigen Kräfte des Ätherleibes. Man male sich das Folgende in seiner Wirkung auf das jugendliche Gemüt aus: Einem achtjährigen Knaben wird von einer ganz besonders ehrenwerten Persönlichkeit gesprochen. Alles, was er von ihr hört, flößt ihm eine heilige Scheu ein. Es naht der Tag, wo er zum ersten Male die verehrte Persönlichkeit sehen kann. Ein Zittern der Ehrfurcht befällt ihn, da er die Klinke der Türe drückt, hinter welcher der

Verehrte sichtbar werden wird ... Die schönen Gefühle, die ein solches Erlebnis hervorbringt, gehören zu bleibenden Errungenschaften des Lebens. Und glücklich ist derjenige Mensch zu preisen, der nicht nur in Feieraugenblicken des Lebens, sondern fortwährend zu seinen Lehrern und Erziehern als zu seinen selbstverständlichen Autoritäten aufzuschauen vermag.

Zu diesen lebendigen Autoritäten, zu diesen Verkörperungen der sittlichen und intellektuellen Kraft müssen die geistig aufzunehmenden Autoritäten treten. Die großen Vorbilder der Geschichte, die Erzählung von vorbildlichen Männern und Frauen müssen das Gewissen, müssen die Geistesrichtung bestimmen, nicht so sehr abstrakte sittliche Grundsätze, die erst dann ihre richtige Wirkung tun können, wenn sich mit der Geschlechtsreife der astrale Leib seiner astralen Mutterhülle entledigt. Man muß insbesondere den Geschichtsunterricht in eine Richtung lenken, welche durch solche Gesichtspunkte bestimmt ist. Vor dem Zahnwechsel werden die Erzählungen, Märchen usw., die man an das Kind heranbringt, Freude, Erfrischung, Heiterkeit allein zum Ziele haben können. Nach dieser Zeit wird man bei dem zu erzählenden Stoff außer diesem darauf Bedacht zu nehmen haben, daß Bilder des Lebens zur Nacheiferung vor die Seele des jungen Menschen treten. Nicht außer acht wird zu lassen sein, daß schlechte Gewohnheiten durch entsprechende abstoßende Bilder aus dem Felde geschlagen werden können. Wenig helfen zumeist Ermahnungen gegenüber solchen schlechten Gewohnheiten und Neigungen; lässt man aber das lebensvolle Bild eines entsprechend schlechten Menschen auf die jugendliche Phantasie wirken, und zeigt man, wozu eine in Frage kommende Neigung in der Wirklichkeit führt, so kann man viel zur Ausrottung wirken. Immer ist eben festzuhalten, daß nicht abstrakte Vorstellungen auf den sich entwickelnden Ätherleib wirken, sondern lebensvolle Bilder in ihrer geistigen Anschaulichkeit. Allerdings muß das zuletzt Erwähnte mit dem größten Takte ausgeführt werden, damit die Sache nicht in das Gegenteil umschlage. Bei Erzählungen kommt alles auf die Art des Erzählens an. Es kann daher nicht ohne weiteres die mündliche Erzählung etwa durch Lektüre ersetzt werden.

Das Geistig-Bildhafte, oder wie man auch sagen könnte, das sinnbildliche Vorstellen kommt auch noch in einer anderen Weise für die Zeit zwischen dem Zahnwechsel und der Geschlechtsreife in Betracht. Es ist notwendig, daß der junge Mensch die Geheimnisse der Natur, die Gesetze des Lebens möglichst nicht in verstandesmäßig nüchternen Begriffen, sondern in Symbolen in sich aufnehme. Gleichnisse für geistige Zusammenhänge müssen so an die Seele herantreten, daß die Gesetzmäßigkeit des Daseins hinter den Gleichnissen mehr geahnt und empfunden wird, als in verstandesmäßigen Begriffen erfaßt wird. «Alles Vergängliche ist nur ein Gleichnis», das muß geradezu ein durchgreifender Leitspruch für die Erziehung in dieser Zeit sein. Es ist unendlich wichtig für den Menschen, daß er die Geheimnisse des Daseins in Gleichnissen empfängt, bevor sie in Form von Naturgesetzen usw. ihm vor die Seele treten. Ein Beispiel möge dies veranschaulichen. Man nehme an, man wolle einem jungen Menschen von der Unsterblichkeit der Seele, von ihrem Hervorgehen aus dem Leibe sprechen. Man soll es so tun, daß man zum Beispiel den Vergleich heranzieht von dem Hervorgehen des Schmetterlings aus der Puppe. Wie sich der Falter aus der Puppe erhebt, so nach dem Tode die Seele aus dem Gehäuse des Leibes.

Kein Mensch wird den richtigen Tatbestand in Verstandesbegriffen entsprechend erfassen, der nicht vorher ihn in einem solchen Bilde empfangen hat. Durch ein solches Gleichnis spricht man nämlich nicht bloß zum Verstande, sondern zu Gefühl, Empfindung, zur ganzen Seele. Ein junger Mensch, der durch alles das hindurchgegangen ist, tritt dann in ganz anderer Stimmung an die Sache heran, wenn sie ihm in Verstandesbegriffen *später* vermittelt wird. Es ist sogar recht schlimm für den Menschen, wenn er nicht zuerst mit dem Gefühle an die Rätsel des Daseins herantreten kann. Es ist eben notwendig, daß für alle Naturgesetze und Weltgeheimnisse dem Erzieher Gleichnisse zur Verfügung stehen.

Außerordentlich gut kann man an dieser Sache sehen, wie befruchtend die Geisteswissenschaft auf das praktische Leben wirken muß. Wenn jemand, der aus einer materialistisch verstandesmäßigen Vorstellungsart heraus sich Gleichnisse bildet, mit diesen Gleichnissen an junge Leute herantritt, so wird er in der Regel recht wenig Eindruck auf sie machen. Ein solcher muß sich nämlich die Gleichnisse selbst erst mit aller Verstandesmäßigkeit ausklügeln. Solche Gleichnisse, zu denen man sich selbst erst herabgebändigt hat, wirken nicht überzeugend auf den, dem man sie mitteilt. Wenn man nämlich in Bildern zu jemand spricht, dann wirkt auf diesen nicht bloß, was man sagt oder zeigt, sondern es geht von dem, der mitteilt, ein feiner geistiger Strom hinüber zu dem, dem die Mitteilung gemacht wird. Wenn der Mitteilende selbst nicht das warme gläubige Gefühl zu seinem Gleichnisse hat, so wird er keinen Eindruck auf den machen, an den er sich richtet. Man muß, um recht zu wirken, eben selbst an seine Gleichnisse als an Wirklichkeiten glauben. Das kann man nur, wenn man die geisteswissenschaftliche

Gesinnung hat und die Gleichnisse selbst aus der Geisteswissenschaft heraus geboren sind. Der echte Geisteswissenschafter braucht sich das obige Gleichnis der aus dem Leibe hervorgehenden Seele nicht abzuquälen, denn für ihn ist es Wahrheit. Für ihn ist in dem Hervorgehen des Schmetterlings aus der Puppe wirklich auf einer niedrigeren Stufe des Naturdaseins derselbe Vorgang gegeben, der auf einer höheren Stufe in höherer Ausbildung sich wiederholt in dem Hervorgehen der Seele aus dem Leibe. Er glaubt mit voller Kraft selbst daran. Und dieser Glaube strömt wie in geheimnisvollen Strömungen vom Sprechenden zu dem Hörenden hinüber und bewirkt Überzeugung. Unmittelbares Leben gießt sich dann hinüber und herüber vom Erzieher zum Zögling. Aber zu diesem Leben ist eben notwendig, daß der Erzieher aus dem vollen Quell der Geisteswissenschaft heraus schöpft und daß sein Wort und alles, was von ihm ausgeht, Empfindung, Wärme und Gefühlsfarbe erhält durch die echte geisteswissenschaftliche Gesinnung. Eine herrliche Perspektive eröffnet sich damit auf das ganze Erziehungswesen. Wird es sich einmal befruchten lassen von dem Lebensquell der Geisteswissenschaft, dann wird es selbst voll verständnisvollen Lebens sein. Es wird aufhören das Tasten, das auf diesem Gebiete gang und gäbe ist. Alle Erziehungskunst, alle Pädagogik ist dürr und tot, die nicht aus solcher Wurzel immer frische Säfte zugeführt erhält. Die Geisteswissenschaft hat für alle Weltgeheimnisse die zutreffenden Gleichnisse, die aus dem Wesen der Dinge genommenen Bilder, die nicht erst der Mensch schafft, sondern die von den Kräften der Welt selbst beim Schaffen zugrunde gelegt werden. Deshalb muß die Geisteswissenschaft die lebensvolle Grundlage aller Erziehungskunst sein.

Eine Seelenkraft, auf welche in dieser Zeit der menschlichen Entwicklung besonderer Wert gelegt werden muß, ist das Gedächtnis. Die Entwicklung des Gedächtnisses ist eben an die Umbildung des Ätherleibes gebunden. Da dessen Ausbildung so erfolgt, daß er gerade zwischen Zahnwechsel und Geschlechtsreife frei wird, so ist diese Zeit auch diejenige, in der von außen bewußt auf die Fortentwicklung des Gedächtnisses gesehen werden muß. Das Gedächtnis wird bleibend einen geringeren Wert haben, als es hätte für den betreffenden Menschen haben können, wenn in dieser Zeit das Entsprechende versäumt wird. Das Vernachlässigte kann später nicht mehr nachgeholt werden.

Eine verstandesmäßig-materialistische Denkweise kann in dieser Richtung viele Fehler machen. Eine aus ihr entsprungene Erziehungskunst kommt leicht zu Vorurteilen gegen das bloß gedächtnismäßig Angeeignete. Sie wird zuweilen nicht müde, sich mit aller Schärfe gegen das bloße Trainieren des Gedächtnisses zu wenden, und wendet die spitzfindigsten Methoden an, damit der junge Mensch nur ja nichts gedächtnismäßig aufnehme, was er *nicht begreift*. Ja, was es überhaupt mit diesem Begreifen auf sich hat! Ein materialistisch-verstandesmäßiges Denken gibt sich so leicht dem Glauben hin, daß es kein Eindringen in die Dinge gibt außer dem in abgezogenen Begriffen; es wird sich nur schwer zu der Erkenntnis durchringen, daß die anderen Seelenkräfte zum Erfassen der Dinge zum mindesten ebenso notwendig sind wie der Verstand. Nicht etwa nur bildlich ist es gesprochen, wenn man sagt, man kann ebenso mit dem Gefühle, mit der Empfindung, mit dem Gemüte verstehen wie mit dem Verstande. Begriffe sind nur *eines* der Mittel, um die Dinge dieser Welt zu verstehen. Und nur der materialistischen Gesinnung erscheinen sie als das einzige. Es gibt natürlich viele Menschen, die nicht glauben werden, Materialisten zu sein, und die dennoch ein verstandesmäßiges Begreifen für die einzige Art des Verstehens halten. Solche Menschen bekennen sich vielleicht zu einer idealistischen, vielleicht sogar zu einer spirituellen Weltauffassung. Aber sie verhalten sich zu derselben in ihrer Seele auf materialistische Art. Denn der Verstand ist nun einmal das Seeleninstrument für das Begreifen des Materiellen.

Bezüglich der tieferen Grundlagen des Verstehens soll hier eine Stelle aus dem schon erwähnten ausgezeichneten Erziehungsbuche von Jean Paul angeführt werden. Überhaupt birgt dieses Werk goldene Anschauungen über die Erziehung und verdiente viel mehr berücksichtigt zu werden, als es geschieht. Es ist für den Erzieher viel wichtiger als manche der angesehensten Schriften auf diesem Gebiete. Die hier in Betracht kommende Stelle lautet: «Fürchtet keine Unverständlichkeit, sogar ganzer Sätze; eure Miene und euer Akzent und der ahnende Drang, zu verstehen, hellet die eine Hälfte, und mit dieser und der Zeit die andere auf. Der Akzent ist bei Kindern wie bei den Sinesen und den Weltleuten, die halbe Sprache. – Bedenkt, daß sie ihre Sprache, so gut wie wir die griechische oder irgendeine fremde, früher verstehen als reden lernen. – Vertrauet auf die Entzifferkanzelei der Zeit und des Zusammenhangs. Ein Kind von fünf Jahren versteht die Wörter ‹doch, zwar nun, hingegen, freilich›; versucht aber einmal von ihnen eine Erklärung zu geben, nicht dem Kinde, sondern dem Vater! – Im einzigen ‹Zwar› steckt ein kleiner Philosoph. Wenn das achtjährige Kind mit seiner ausgebildeteren Sprache vom dreijährigen verstanden wird: Warum wollt ihr eure zu seinem Lallen einengen?

Sprecht immer einige Jahre voraus (sprechen doch Genies in Büchern mit uns Jahrhunderte voraus); mit dem einjährigen sprecht als sei es ein zweijähriges, mit diesem als sei es ein sechsjähriges, da die Unterschiede des Wachstums in umgekehrtem Verhältnis der Jahre abnehmen. Bedenke doch der Erzieher, welcher überhaupt zu sehr alles Lernen den Lehren zuschreibt, daß das Kind seine halbe Welt, nämlich die geistige (z. B. die sittlichen und metaphysischen Anschau-Gegenstände) ja schon fertig und belehrt in sich trage, und daß eben daher die nur mit körperlichen Ebenbildern gerüstete Sprache die geistigen nicht geben, bloß erleuchten könne.

Freude wie Bestimmtheit bei Sprechen mit Kindern sollte uns schon von ihrer eignen Freude und Bestimmtheit gegeben werden. Man kann von ihnen Sprache lernen, so wie durch Sprache sie lehren; kühne und doch richtige Wort-Bildungen, z. B. solche, wie ich von drei- und vierjährigen Kindern gehört: der Bierfässer, Saiter, Fläscher (der Verfertiger von Fässern, Saiten, Flaschen) – die Luftmaus (gewiss besser als unser Fledermaus) – die Musik geigt – das Licht ausscheren (wegen der Lichtschere) – dreschflegeln, drescheln – ich bin der Durchsehmann (hinter dem Fernrohr stehend) – ich wollte, ich wäre als Pfeffernüßchenesser angestellt, oder als Pfeffernüßler – am Ende werd' ich gar zu klüger – er hat mich von dem Stuhle heruntergespaßt – sieh', wie Eins (auf der Uhr) es schon ist – etc.»

Zwar spricht diese Stelle von dem Verstehen vor dem verstandesmäßigen Begreifen auf einem anderen Gebiet als auf dem, wovon hier gerade die Rede ist, allein für das eben Besprochene gilt genau das, was Jean Paul von der Sprache sagt. Wie das Kind das Gefüge der Sprache in seinen Seelenorganismus aufnimmt, ohne die Gesetze des Sprachbaues dazu in verstandesmäßigen Begriffen zu brauchen, so *muß* der junge Mensch zur Pflege des Gedächtnisses Dinge lernen, von denen er sich erst später das begriffliche Verstehen aneignen soll. Man lernt sogar das am besten hinterher in Begriffen fassen, was man in diesem Lebensalter erst rein gedächtnismäßig sich angeeignet hat, wie man die Regeln der Sprache am besten an der Sprache lernt, die man bereits spricht. Die Rede vom unverstandenen Gedächtnisstoff ist weiter nichts als ein materialistisches Vorurteil. Der junge Mensch braucht zum Beispiel nur die notwendigsten Gesetze des Multiplizierens an einigen Beispielen zu lernen, zu denen man keine Rechenmaschine braucht, sondern wozu die Finger viel besser sind, dann soll er das Einmaleins sich ordentlich gedächtnismäßig aneignen. Wenn man so vorgeht, berücksichtigt man die Natur des werdenden Menschen. Man versündigt sich aber gegen diese, wenn man in der Zeit, in der es auf die Bildung des Gedächtnisses ankommt, den Verstand zu sehr in Anspruch nimmt. Der Verstand ist eine Seelenkraft, die erst mit der Geschlechtsreife geboren wird, auf die man daher vor diesem Lebensalter gar nicht von außen wirken sollte. Bis zur Geschlechtsreife soll sich der junge Mensch durch das Gedächtnis die Schätze aneignen, über welche die Menschheit gedacht hat, nachher ist die Zeit, mit Begriffen zu durchdringen, was er vorher gut dem Gedächtnis eingeprägt hat. Der Mensch soll sich also nicht etwa bloß merken, was er begriffen hat, sondern er soll begreifen die Dinge, die er weiß, das heißt wovon er gedächtnismäßig so Besitz genommen hat, wie das Kind von der Sprache. In einem weiten Umfange gilt das. Zuerst rein gedächtnismäßiges Aneignen geschichtlicher Ereignisse, dann Erfassen derselben in Begriffen. Zuerst gutes gedächtnismäßiges

Einprägen geographischer Dinge, dann Begreifen des Zusammenhanges derselben usw. In gewisser Beziehung sollte alles Erfassen in Begriffen aus dem aufgespeicherten Gedächtnisschatze genommen werden. Je mehr der junge Mensch schon gedächtnismäßig weiß, bevor es ans begriffliche Erfassen geht, desto besser ... Es braucht wohl nicht ausdrücklich ausgeführt zu werden, daß dieses alles eigentlich nur gilt für das Lebensalter, von dem hier die Rede ist, nicht für später. Lernt man nachholend, oder sonstwie in einem späteren Lebensalter etwas, so kann natürlich der umgekehrte Weg der richtige und wünschenswerte sein, obwohl auch da noch manches von der Geisteskonstitution des Betreffenden abhängig gemacht werden muß. In dem besprochenen Lebensalter aber darf man den Geist nicht ausdörren durch die Überfüllung mit verstandesmäßigen Begriffen.

Auch ein zu weitgehender rein sinnlicher Anschauungsunterricht entspringt einer materialistischen Vorstellungsart. Alle Anschauung muß für dieses Lebensalter vergeistigt werden. Man soll sich zum Beispiel nicht damit begnügen, eine Pflanze, ein Samenkorn, eine Blüte bloß in sinnlicher Anschauung vorzuführen. Alles soll zum Gleichnis des Geistigen werden. Ein Samenkorn ist eben nicht bloß dasjenige, als was es den Augen erscheint. Es steckt unsichtbar die ganze neue Pflanze darinnen. Daß ein solches Ding mehr ist, als was die Sinne sehen, das muß mit der Empfindung, mit der Phantasie, mit dem Gemüte lebendig erfaßt werden. Die Ahnung der Geheimnisse des Daseins muß gefühlt werden. Man kann nicht einwenden, daß durch ein solches Vorgehen die reine sinnliche Anschauung getrübt werde: Im Gegenteil, durch das Stehenbleiben bei der bloßen Sinnesanschauung kommt die Wahrheit zu kurz. Denn die ganze Wirklichkeit eines Dinges besteht aus *Geist* und Stoff, und die treue Beobachtung braucht nicht weniger sorgfältig betrieben zu werden, wenn man die sämtlichen Seelenkräfte, nicht bloß die physischen Sinne in Wirksamkeit bringt. Könnten doch die Menschen sehen, was alles an *Seele und Leib* verödet durch einen bloß sinnlichen Anschauungsunterricht, wie der Geisteswissenschafter das kann, sie würden weniger auf einem solchen bestehen. Was nützt es im höchsten Sinne, wenn jungen Menschen alle möglichen Mineralien, Pflanzen, Tiere, physikalischen Versuche gezeigt werden, wenn das nicht damit verbunden wird, die sinnlichen Gleichnisse zum Ahnenlassen der geistigen Geheimnisse zu verwenden. Sicherlich wird mit dem hier Gesagten ein materialistischer Sinn nicht viel anzufangen wissen; und das ist dem Geisteswissenschafter nur zu verständlich. Aber ihm ist auch klar, daß eine wirklich praktische Erziehungskunst nie aus dem materialistischen Sinn erwachsen kann. So praktisch sich dieser Sinn dünkt, so unpraktisch ist er in Wirklichkeit, wenn es darauf ankommt, das Leben lebensvoll zu erfassen. Der wahren Wirklichkeit gegenüber ist die materialistische Gesinnung phantastisch, während *dieser* allerdings die sachgemäßen Auseinandersetzungen der Geisteswissenschaft notwendig phantastisch erscheinen *müssen*. Zweifellos wird auch noch manches Hindernis zu überwinden sein, bis die durchaus aus dem Leben geborenen Grundsätze der Geisteswissenschaft in die Erziehungskunst eindringen. Aber das ist ja natürlich. Deren Wahrheiten *müssen* gegenwärtig noch für viele ungewohnt sein. Sie werden sich aber der Kultur einverleiben, wenn sie wirklich die Wahrheit sind.

Nur durch ein deutliches Bewußtsein davon, wie die einzelnen Erziehungsmaßnahmen auf den jungen

Menschen wirken, kann der Erzieher immer den richtigen Takt finden, um im einzelnen Falle das Richtige zu treffen. So muß man wissen, wie die einzelnen Seelenkräfte, nämlich: Denken, Fühlen und Wollen, zu behandeln sind, damit deren Entwicklung wieder auf den Ätherleib zurückwirkt, während dieser sich zwischen Zahnwechsel und Geschlechtsreife durch die Einflüsse von außen immer vollkommener gestalten kann.

Zu der Entwicklung eines gesunden kraftvollen Willens wird der Grund gelegt durch die richtige Handhabung der betrachteten Erziehungsgrundsätze während der ersten sieben Lebensjahre. Denn ein solcher Wille muß seine Stütze in den vollentwickelten Formen des physischen Leibes haben. Vom Zahnwechsel angefangen handelt es sich darum, daß der nun sich entwickelnde Ätherleib dem physischen Leib diejenigen Kräfte zuführt, durch welche dieser seine Formen gediegen und in sich fest machen kann. Das, was die stärksten Eindrücke auf den Ätherleib macht, das wirkt auch am kräftigsten auf die Festigung des physischen Leibes zurück. Die allerstärksten Impulse werden aber auf den Ätherleib durch diejenigen Empfindungen und Vorstellungen hervorgerufen, durch die der Mensch seine Stellung zu den ewigen Urgründen des Weltalls fühlt und erlebt, das heißt durch die religiösen Erlebnisse. Niemals wird sich der Wille eines Menschen und damit sein Charakter gesund entwickeln, wenn er nicht tiefeindringende religiöse Impulse in der in Rede stehenden Lebensepoche durchmachen kann. In der einheitlichen Willensorganisation kommt es zum Ausdruck, wie der Mensch sich eingegliedert fühlt in das Weltganze. Fühlt sich der Mensch nicht mit sicheren Fäden angegliedert an ein Göttlich-Geistiges, so müssen Wille und Charakter unsicher, uneinheitlich und ungesund bleiben.

Die Gefühlswelt entwickelt sich in der rechten Art durch die beschriebenen Gleichnisse und Sinnbilder, insbesondere durch alles das, was aus der Geschichte und sonstigen Quellen an Bildern charakteristischer Menschen vorgeführt wird. Auch die entsprechende Vertiefung in die Geheimnisse und Schönheiten der Natur ist für die Heranbildung der Gefühlswelt wichtig. Und hier kommt insbesondere in Betracht die Pflege des Schönheitssinnes und das Wachrufen des Gefühls für das Künstlerische. Das Musikalische muß dem Ätherleib jenen Rhythmus zuführen, der ihn dann befähigt, den in allen Dingen auch sonst verborgenen Rhythmus zu empfinden. Einem jungen Menschen wird viel für das ganze spätere Leben entzogen, dem in dieser Zeit nicht die Wohltat einer Pflege des musikalischen Sinnes zuteil wird. Ihm müssten, wenn ihm dieser Sinn ganz mangelte, geradezu gewisse Seiten des Weltendaseins ganz verborgen bleiben. Dabei sollen aber ja die andern Künste nicht vernachlässigt werden. Die Erweckung des Sinnes für architektonische Stilformen, desjenigen für plastische Gestalten, für Linie und Zeichnerisches, für die Harmonie der Farben, nichts davon sollte im Erziehungsplan fehlen. So einfach vielleicht das alles unter gewissen Verhältnissen gestaltet werden muß, der Einwand kann nie gelten, daß die Verhältnisse gar nichts nach dieser Richtung hin gestatteten. Mit den einfachsten Mitteln kann man viel leisten, wenn in dieser Richtung bei dem Erzieher selbst der richtige Sinn herrscht. Freude am Leben, Liebe zum Dasein, Kraft zur Arbeit, alles das erwächst für das ganze Dasein aus der Pflege des Schönheits- und Kunstsinnes. Und das Verhältnis von Mensch zu Mensch, wie wird es veredelt, verschönt durch diesen Sinn. Das moralische Gefühl, das ja auch in diesen Jahren herangebildet wird durch die Bilder des Lebens, durch die vorbildlichen Autoritäten, es erhält seine Sicherheit, wenn durch den Schönheitssinn das Gute zugleich als schön, das Schlechte als häßlich empfunden wird.

Das Denken in seiner eigenen Gestalt als inneres Leben in abgezogenen Begriffen muß in der in Frage kommenden Lebensperiode noch zurücktreten. Es muß sich wie unbeeinflußt, gleichsam von selbst entwickeln, während die Seele die Gleichnisse und Bilder des Lebens und der Naturgeheimnisse vermittelt erhält. So muß inmitten der anderen Seelenerlebnisse zwischen dem siebenten Jahre und der Geschlechtsreife das Denken heranwachsen, die Urteilskraft muß so reifen, damit dann, nach erfolgter Geschlechtsreife, der Mensch fähig werde, den Dingen des Lebens und Wissens gegenüber sich in voller Selbständigkeit seine Meinungen zu bilden. Je weniger man vorher unmittelbar auf die Entwicklung der Urteilskraft einwirkt und je besser man es mittelbar durch die Entwicklung der andern Seelenkräfte tut, um so besser ist es für das ganze spätere Leben des betreffenden Menschen.

Nicht nur für den geistigen Teil der Erziehung, sondern auch für den physischen liefert die Geisteswissenschaft die rechte Grundlage. Um auch hier ein charakteristisches Beispiel anzuführen, sei auf das Turnen und die Jugendspiele hingewiesen. Wie Liebe und Freude die Umgebung der ersten Kinderjahre durchdringen muß, so muß der heranwachsende Ätherleib in sich durch die körperlichen Übungen das Gefühl seines Wachstums, der stets sich steigernden Kraft in sich wirklich erleben. Die Turnübungen zum Beispiel müssen so ausgebildet werden, daß bei jeder Bewegung, bei jedem Schritte sich im Innern des jungen Menschen das Gefühl einstellt: «Ich fühle wachsende Kraft in mir.» Und dieses

Gefühl muß sich des Innern als eine gesunde Lust, als Wohlbehagen bemächtigen. Um Turnübungen in diesem Sinne auszudenken, dazu gehört freilich mehr als eine verstandesmäßige anatomische und physiologische Kenntnis des menschlichen Leibes. Es gehört dazu eine intime, intuitive, ganz gefühlsmäßige Erkenntnis von dem Zusammenwirken von Lust und Behagen mit den Stellungen und Bewegungen des menschlichen Leibes. Der Ausgestalter solcher Übungen muß in sich erleben können, wie eine Bewegung, eine Stellung der Glieder ein lustvolles behagliches Kraftgefühl erzeugt, etwas anderes eine Art Kraftverlust usw. Daß Turnen und Leibesübungen in dieser Richtung gepflegt werden können, dazu gehört dasjenige bei dem Erzieher, was ihm nur die Geisteswissenschaft und vor allem eine geisteswissenschaftliche Gesinnung geben kann. Man braucht dazu nicht etwa gleich das Hineinschauen in die geistigen Welten, sondern nur den Sinn dafür, im Leben das anzuwenden, was sich aus der Geisteswissenschaft ergibt. Wenn insbesondere in solchen praktischen Gebieten, wie bei der Erziehung, die geisteswissenschaftlichen Erkenntnisse angewendet würden, dann würde bald auch das völlig unnütze Reden darüber aufhören, daß diese Erkenntnisse doch erst bewiesen werden müssen. Wer sie richtig anwendet, dem werden sie sich im Leben dadurch beweisen, daß sie dieses gesund und stark machen. Er wird gerade dadurch, daß sie sich in der Praxis bewähren, ersehen, daß sie wahr sind, und dadurch muß er sie besser bewiesen finden, als durch alle «logischen» und sogenannten «wissenschaftlichen Gründe». Die geistigen Wahrheiten erkennt man am besten an ihren Früchten, nicht durch einen angeblich noch so wissenschaftlichen Beweis, der doch kaum viel anderes sein kann, als ein logisches Geplänkel.

Mit der Geschlechtsreife wird erst der Astralleib geboren. Mit seiner nach außen freien Entwicklung wird auch erst von außen an den Menschen alles das herantreten können, was die abgezogene Vorstellungswelt, die Urteilskraft, den freien Verstand entfaltet. Es ist schon erwähnt worden, daß diese Seelenfähigkeiten vorher unbeeinflußt innerhalb der richtigen Handhabung der andern Erziehungsmaßnahmen sich entwickeln sollen, wie sich unbeeinflußt im mütterlichen Organismus Augen und Ohren entwickeln. Mit der Geschlechtsreife ist die Zeit gekommen, in der der Mensch auch dazu reif ist, sich über die Dinge, die er vorher gelernt hat, ein eigenes Urteil zu bilden. Man kann einem Menschen nichts Schlimmeres zufügen, als wenn man zu früh sein eigenes Urteil wachruft. Erst dann kann man urteilen, wenn man in sich erst Stoff zum Urteilen, zum Vergleichen aufgespeichert hat. Bildet man sich vorher selbständige Urteile, so muß diesen die Grundlage fehlen. Alle Einseitigkeit im Leben, alle öden «Glaubensbekenntnisse», die sich auf ein paar Wissensbrocken gründen, und von diesen aus richten möchten über oft durch lange Zeiträume bewährte Vorstellungserlebnisse der Menschheit, rühren von Fehlern der Erziehung in dieser Richtung her. Bevor man reif zum Denken ist, muß man sich die Achtung vor dem angeeignet haben, was andere gedacht haben. Es gibt kein gesundes Denken, dem nicht ein auf selbstverständlichen Autoritätsglauben gestütztes gesundes Empfinden für die Wahrheit vorangegangen wäre. Würde dieser Erziehungsgrundsatz befolgt, man müsste es nicht erleben, daß Menschen zu jung sich reif dünken zum Urteilen und sich dadurch die Möglichkeit nehmen, allseitig und unbefangen das Leben auf sich wirken zu lassen. Denn ein jedes Urteil, das nicht auf der gehörigen Grundlage von Seelenschätzen aufgebaut ist, wirft dem Urteiler Steine in seinen Lebensweg. Denn hat man einmal über eine Sache ein Urteil gefällt, so wird man durch dieses immer beeinflußt, man nimmt ein Erlebnis dann nicht mehr so auf, wie man es aufgenommen hätte, wenn man sich nicht ein Urteil gebildet hätte, das mit dieser Sache zusammenhängt. In dem jungen Menschen *muß* der Sinn leben, zuerst zu lernen und dann zu urteilen. Das, was der Verstand über eine Sache zu sagen hat, sollte erst gesagt werden, wenn alle andren Seelenkräfte gesprochen haben; vorher sollte der Verstand nur eine vermittelnde Rolle spielen. Er sollte nur dazu dienen, das Gesehene und Gefühlte zu erfassen, es so in sich aufzunehmen, wie es sich gibt, ohne daß das unreife Urteil sich gleich der Sache bemächtigt. Deshalb sollte der junge Mensch vor dem angedeuteten Lebensalter mit allen Theorien über die Dinge verschont werden und der Hauptwert darauf gelegt werden, daß er sich den Erlebnissen des Daseins gegenüberstellt, um sie in seine Seele aufzunehmen. Man kann gewiss den heranwachsenden Menschen auch mit dem bekannt machen, was Menschen über dies und jenes gedacht haben, aber man soll vermeiden, daß er sich für eine Ansicht durch ein verfrühtes Urteil engagiere. Er soll auch die Meinungen mit dem Gefühle aufnehmen, er soll, ohne gleich für das eine oder das andere sich zu entscheiden und Partei zu ergreifen, hören können: der hat das gesagt, der andere jenes. Es wird zur Pflege eines solchen Sinnes von Lehrern und Erziehern allerdings ein großer Takt verlangt, aber geisteswissenschaftliche Gesinnung ist gerade imstande, diesen Takt zu geben.

Es konnten hier nur einige Gesichtspunkte entwickelt werden für die Erziehung im geisteswissenschaftlichen Sinne. Es sollte aber auch nur der Hinweis darauf gegeben werden, welche Kulturaufgabe diese Vorstellungsart in dieser Richtung zu erfüllen hat. Daß sie solches vermag, wird davon abhängen, daß sich in immer weiteren Kreisen der Sinn verbreitet für diese Vorstellungsart. Daß dies geschehen könne, dazu ist allerdings zweierlei notwendig: erstens, daß man die Vorurteile gegenüber der Geisteswissenschaft aufgibt. Wer sich wirklich auf sie einlässt, der wird schon sehen, daß sie nicht das phantastische Zeug ist, als was sie viele heute noch ansehen. Solchen wird hier kein Vorwurf gemacht, denn alles, was an Bildungsmitteln unsere Zeit bietet, muß die Meinung *zunächst* erzeugen, als ob die Geisteswissenschafter Phantasten und Träumer wären. Bei oberflächlicher Betrachtung kann man sich ein anderes Urteil gar nicht bilden, denn es scheint sich da der vollkommenste Widerspruch zu ergeben zwischen der als Geisteswissenschaft auftretenden Anthroposophie und allem, was die Bildung der heutigen Zeit dem Menschen als Grundlage zu einer gesunden Lebensauffassung an die Hand gibt. Erst einer tieferen Betrachtung enthüllt sich, wie tief widerspruchsvoll die Ansichten der Gegenwart ohne diese Grundlage der Geisteswissenschaft bleiben müssen, ja, wie sie diese Grundlage durch sich selbst geradezu herausfordern und auf die Dauer ohne sie gar nicht bleiben können. Das zweite, was notwendig ist, hängt mit einer gesunden Entwicklung der Geisteswissenschaft selbst zusammen. Erst dann, wenn in anthroposophischen Kreisen überall die Erkenntnis durchgedrungen sein wird, daß es darauf ankommt, die Lehren in der weitgehendsten Art für alle Verhältnisse des Lebens fruchtbar zu machen, nicht bloß über sie zu theoretisieren, dann wird sich auch das Leben verständnisvoll der Geisteswissenschaft erschließen. Sonst aber wird man fortfahren, die Anthroposophie für eine Art religiösen Sektierertums einzelner sonderbarer Schwärmer zu halten. Wenn sie aber positive nützliche Geistesarbeit leistet, dann kann der geisteswissenschaftlichen Bewegung die verständnisvolle Zustimmung auf die Dauer nicht versagt werden können.

Über Erziehungsfragen

EIN VORTRAG

Daß die anthroposophische Weltanschauung nicht nur in einer Reihe von Lehren und Dogmen besteht, und es nicht in erster Linie darauf ankommt, diese zu kennen, wird sich am besten zeigen, wenn wir die großen Kulturfragen unserer Zeit praktisch ins Auge fassen. Wir wollen heute die Erziehungsfragen vom geisteswissenschaftlichen Standpunkt aus betrachten. Was könnte für schönere Frucht aus dieser Weltanschauung erspießen, als wenn sie uns hineinführte in die Tiefen und in alle Ecken der menschlichen Natur, wenn sie uns das Menschenwesen verstehen lehrte und damit die Kunst, auf dasselbe zu wirken. Das wäre freilich etwas anderes, als wenn wir nur aus Neugierde oder Wißbegierde kämen, um unbekannte Dinge zu erfahren über Geist, Seele und Leib des Menschen.

Dieser Weg des Lernens allein kann nicht als anthroposophisch bezeichnet werden, weil der anthroposophische Weg nur der ist, der durch das praktische Leben hindurchgeht. Für den, der nicht im täglichen Leben tiefer hineindringt in die Lehren, bleiben sie unverständlich. Man lernt den Menschen in bezug auf Seele und Geist nur kennen, wenn man mitarbeitet an dem unentwickelten Leben desselben. Dadurch bekommt man auch Aufschluß über die höheren Welten. Und wir können nicht leugnen, daß ein intimes Verständnis der Seele notwendig ist, wenn wir Führer sein wollen.

Das Wesen des Menschen besteht aus verschiedenen Gliedern, von denen der physische Leib nur eines ist. Dieses zu wissen, ist von großer Bedeutung, denn ganz anders wird sich der Erzieher zu dem heranwachsenden Kinde verhalten, der da weiß, daß die Seele dieses Kindes schon ein reiches Leben geführt hat, daß es durch viele Erdenleben hindurch schon viele Stufen absolviert hat. Was mit der Geburt auftritt an Anlagen und Fähigkeiten, das ist in früheren Leben erworben worden.

Wer da weiß, daß die Seele sich allmählich herausentwickelt aus ihren Hüllen, der sieht das Kind mit ganz anderen Augen an. Nicht nur bezüglich der intimeren Kenntnisse der Menschennatur, sondern auch auf den ganzen Werdeprozeß des Menschen in der Zeit wirft die Anthroposophie in neuer Art Lichtstrahlen.

Zweierlei müssen wir beim Menschen unterscheiden: Einerseits einen ewigen Kern, der in den mannigfachsten Verkörperungen immer neue Erfahrungen macht, indem er aus jedem Erdenleben sozusagen einen Extrakt mitnimmt, und anderseits die niedere Menschennatur, die nur die Hülle des eigentlichen Ich ausmacht. Kurz sei noch einmal wiederholt, aus welchen Teilen diese niedere Natur besteht.

Wir haben erstens den handgreiflichen, sichtbaren physischen Leib; zweitens den Ätherleib, der die Gestalt des Menschen schafft; drittens die Begierden, Triebe und Leidenschaften – den Astralleib. In diesen Hüllen ist das höhere Ich eingeschlossen. Den physischen Leib haben wir gemeinsam mit dem Mineralreich, den Ätherleib mit dem Pflanzenreich, den Astralleib mit dem Tierreich. Nur das vierte, das Ich, besitzt der Mensch allein. Die Hüllen, die das Ich umgeben, dienen dem Menschen als Instrumente, als Werkzeuge, in denen sich das eigentliche Ich, das, was schon vorhanden war, auslebt.

Bei jeder neuen Geburt bilden sich diese drei Hüllen immer neu. Wir müssen uns diese Hüllen aber nicht wie Zwiebelschalen vorstellen, die den Wesenskern umhüllen und abschließen von der Außenwelt, sondern die Körper durchdringen einander und das Ich durchdringt die Körper.

Nur derjenige, der das heranwachsende Menschenkind nicht nur nach seinem physischen Körper kennt, der sich ausbildet und wächst, sondern auch den belebenden Ätherkörper und den Astralleib berücksichtigt, kann in vollem Maße auf seine Erziehung einwirken.

Es gibt aber noch andere Grundfragen zu erfassen. Seit über hundert Jahren sind große Fortschritte in der Erziehungskunst gemacht worden. Pestalozzi einerseits, Rousseau andrerseits, sowie Herder haben den Versuch angebahnt, den Weg herauszufinden, um aus dem Kinde den ganzen Menschen zu machen. Da sind tiefe Versuche gemacht worden. Durch die Geisteswissenschaft erfahren diese Versuche noch größere Vertiefung. – Da das Gebiet ein so großes ist, wollen wir uns heute abend auf einige Erziehungsfragen mit Rücksicht auf die feineren Glieder des Menschen beschränken.

So lange man den Menschen als ein wahres Durcheinander ansieht, so lange kann man nur aus Beobachtungen Resultate erzielen. Ganz anders verhält es sich mit dem, dessen Blick imstande ist, die vier Glieder des Menschen wahrzunehmen, oder der wenigstens Kenntnis besitzt von den Zusammenhängen dieser Dinge. Anders entwickelt sich das Kind in den ersten Lebensjahren, anders in der späteren Zeit. Wir wollen nun zunächst absehen von dem Ich und uns mit dem physischen, Äther- und dem Astralleib beschäftigen.

Betrachten wir einmal das Kind, wie es nach seiner Geburt vor uns steht. Da haben wir den physischen

Körper, auf den es am meisten ankommt. Dann, vom siebenten, achten Jahre an gilt es vor allem, die größte Sorgfalt auf den Ätherleib zu verwenden. Zur Zeit der sich anbahnenden Geschlechtsreife bedarf der Astralleib einer ganz eigenartigen erzieherischen Behandlung.

Was hat im ersten Lebensjahrsiebent zu geschehen? Der Ätherleib widmet sich in dieser Zeit ganz dem Wachstum des physischen Leibes, so daß der Ätherleib nach seiner natürlichen Anlage noch nicht für den Astralleib frei ist. Erst später, wenn der physische Körper ausgebildet ist, wird der Ätherkörper zu selbständigem Wachstum frei; damit hängt für den okkulten Blick zusammen der Wille; der sitzt am tiefsten.

Dasjenige im Menschen, was er am leichtesten ändert, sind seine Begriffe und Vorstellungen. Die Begriffe, die wir uns in der frühesten Kindheit von Dingen machen, weichen bedeutend ab, von dem, was wir im späteren Leben darüber denken. Auch unsere Gefühlswelt ist veränderlich, obgleich sie sich schwerer ändert als die Begriffswelt. Wenn aber einem Kinde zum Beispiel ein mürrisches Wesen eignet, so wird es schwer davon loskommen. Das Temperament und der Charakter ändert sich schwerer. Am allerschwersten der Grundcharakter des Willens, weil der Wille seinen Sitz hat, wo der Mensch am wenigsten hin kann. Er kann sich neues Verständnis schaffen, neue Gefühle erwerben, aber eins kann er nicht: am physischen Leib arbeiten kann er nicht; und der gibt dem Willenscharakter die Grundschattierung. Nur in den ersten Lebensjahren ist es möglich, am physischen Leib zu arbeiten. – Das muß der Erzieher immer im Auge behalten. Für ihn gilt es nun, in den ersten Jahren den Willensmut auszubilden; dessen reiner Ausbildung muß er sich ganz widmen; er muß sich hüten, störend einzugreifen dadurch, daß er dem Kinde zu früh Begriffe beibringen will. Also der Wille muß vor allen Dingen entwickelt werden. Der Mensch hat in sich den Trieb zum Nachahmen. Auf diesen Nachahmungstrieb muß sich das Augenmerk des Erziehers hauptsächlich stützen. Er sorge dafür, daß dem Kinde gute Vorbilder zur Nachahmung zur Verfügung stehen. Der Erzieher hat durch sein bloßes Dasein auf das Kind zu wirken. Zu manchen tüchtigen Eigenschaften, zum Beispiel Furchtlosigkeit und Geistesgegenwart, muß der Grund schon in den ersten Jahren gelegt werden. Bis zum siebenten Lebensjahre muß das Hauptaugenmerk darauf gerichtet sein, den physischen Körper zu einem brauchbaren Organismus zu erziehen.

Kann denn in dieser Periode gar nicht auf den Ätherkörper eingewirkt werden? – Der Erzieher wird da nicht viel eingreifen dürfen. Durch sein Dasein muß er wirken. Daß Gefühle und Gedanken Tatsachen sind, wird ihm dann klar. Er darf nicht glauben, daß nur eine Ohrfeige, ein Stoß oder eine Magenverderbnis etwas Wirkliches sind, sondern er muß sich klar sein, daß es ebenso wirklich ist, ob er gute oder böse Gesinnung hegt, und daß es nicht einerlei ist, welche Gesinnung der hat, der das Kind pflegt. Nicht was man mit dem Äther- und dem Astralkörper des Kindes tut: Darauf kommt es an, mit welchen Gedanken, mit welcher Gesinnung, mit welcher Atmosphäre man das Kind umgibt. Je nach der Umgebung wird sich auch beim Kinde die Gesinnung edel oder unedel gestalten. So ist es möglich, systematisch, mit vollem Bewußtsein durch das Vorbild im gewöhnlichen, täglichen Leben auf das kleine Kind zu wirken. Alles, was das Kind aufnimmt, nimmt es durch die Sinne auf, und was es aufnimmt, ahmt es nach. So ist man imstande, es harmonisch zu beeinflussen.

Es wäre sehr wichtig, wenn von anthroposophischer Seite dieser Gedanke gründlich bearbeitet würde, damit man immer besser erkennen lernte, von welch ungeheurer Bedeutung die Umgebung für ein kleines Kind ist. Wir wollen uns das an einzelnen Details klarzumachen suchen. Manche Leute glauben, dem Kinde einen großen Dienst zu erweisen durch eine schöne Puppe. Das ist nun in den Augen des Okkultisten das Schlimmste, was es geben kann. Durch die schöne Puppe preßt man den Nachahmungstrieb des Kindes, der angeregt werden soll, in bestimmte Bahnen; die schöpferische Kraft wird ertötet. Wenn man ein Kind recht beobachtet, so wird man häufiger sehen, daß es das schönste Spielzeug wegwirft und sich aus dem einfachsten Material ein neues selbst schafft. Nicht ein Abbild der Wirklichkeit soll man dem Kinde geben. Die Nachahmung darf die Phantasie nicht einschnüren. Das Kind muß in der Scheinwelt leben, die Phantasie muß das Kind beschäftigen, es muß seine Kräfte selbst entwickeln, sich seine eigene Vorstellungswelt schaffen. Und diese innere Kraft bleibt bei der schönen Puppe untätig. Die Spiele des Kindes sind Nachbildungen dessen, was sie hören und sehen; sie fordern Willensanspannung. Dadurch werden zweierlei Energien erweckt, Geschicklichkeit und in den verschiedensten Verhältnissen das Gleichgewicht zu halten. Das sind so einige Gesichtspunkte, von denen aus man die Erziehung des kleinen Kindes ins Auge zu fassen hat.

Um das siebente Jahr wird der Ätherkörper freier. Der physische Körper hat nun die Lebenskraft erworben, um sich weiter zu entwickeln. Nun, vom siebenten Jahre an gilt es, auf den Ätherkörper einzuwirken und dessen Kräfte zu entwickeln, als da sind: Gedächtnis und Aufmerksamkeit. Gute Gewohnheiten sind in dieser Zeit anzuerziehen. Diese Seelenkräfte muß der Erzieher nun entwickeln.

Das haben auch die heutigen Pädagogen erwogen. Noch darf nicht auf den Astralkörper eingewirkt werden, das kommt später; in diesen Jahren ist die formale Bildung die Hauptsache. Nicht um Erlangung einer Menge von bestimmten Kenntnissen handelt es sich zunächst, sondern um den Menschen selbst, um sein Können. Was der Mensch in den Jahren nicht lernt an Geographie und so weiter, das kann er nachholen, aber was er nicht nachholen kann, das ist die Erwerbung von Gedächtnisvermögen, von Aufmerksamkeit. Und diese Kräfte sollen gestählt werden, damit der Mensch später vor Flatterhaftigkeit bewahrt werde, daß er feststehen lerne, daß er nicht unstet werde. Also formale Bildung beizubringen, darauf kommt es an in diesem Alter. In dieser Hinsicht werden große Fehler gemacht. So früh wie möglich will man die Urteilsfähigkeit des Kindes ausbilden, ihm das Warum und Weshalb beantworten. Dazu ist nach dem Zahnwechsel noch nicht die richtige Zeit. Vielmehr soll man dem Kinde eine Summe von Anschauungen bieten und so sein Gedächtnis stärken. Das innerliche Schweigen muß gefördert werden; man muß das unaufhörliche Fragen zu beschränken suchen, um so ein reiches Innenleben zu befördern. Nicht um Nein- und Ja-sagen handelt es sich zunächst, sondern um die Möglichkeit der eigenen Urteilskraft zu entwikkeln; die würde eingeschnürt werden dadurch, daß man sagt, dies sollst du tun, jenes sollst du lassen. Man soll in diesem zweiten Jahrsiebent mehr durch Beispiele und Erzählungen wirken. Das Geistige muß sich spiegeln in Symbolen, Märchen und Mythologien, die man dem Kinde mitteilt; dadurch werden tiefere Seelenkräfte geweckt. Mit Ja- und Nein-sagen engen wir die Kräfte ein; sie sollen sich aus sich selbst heraus entwickeln. Keine fertige Moral soll man dem Kinde geben; große Gedanken und Gefühle für große Menschen soll man zu erzeugen suchen. Wenn möglich wenig Doktrin. Erzählungen von großen Persönlichkeiten wirken besser als moralische Regeln. Die Welt schildern, aber nicht Regeln und Gesetze lehren. Nicht die eigene Urteilskraft, die eigene Anschauung sollen in dieser Zeit großgezogen werden; dazu ist das Kind noch nicht reif. Was aber im Alter von sieben bis vierzehn Jahren versäumt ist an der Ausbildung des Gedächtnisses, das kann später nicht nachgeholt werden. Zum Beispiel beim Rechnen: Wenn durch Anschauungsunterricht die Grundlage gelegt ist, so muß das Gedächtnis herhalten durch das Lernen des Einmaleins.

Dasselbe gilt für Sprachen und andere Dinge. Der Erzieher hat nach und nach seine Person zurücktreten zu lassen und ein Diener des Kindes zu werden. Er muß nicht nur in die Seele des Kindes die Weisheit hineinfüllen; er muß an das Wesen des Kindes herantreten und aus seiner Seele herausschlüpfen. Er muß ein Rätsellöser sein. Es ist ein großer Gewinn für die Seele, wenn der Ätherhülle eine feste Gestalt gegeben wird in dem siebenten bis vierzehnten Jahre. Wenn das Gedächtnis geübt, die Fähigkeit ausgebildet ist, daß das Kind in ruhiger Konzentration bei einem Gegenstand verweilen kann, so sind das feste und gediegene Gewohnheiten, die bei dem Menschen konstant werden; sie bleiben ihm fürs Leben.

Was wir können sollen, muß geübt sein. In diesen Jahren muß man immer wieder wiederholen lassen, daß alles zur Gewohnheit wird. Bildende, schaffende

Kräfte werden im elften, zwölften, dreizehnten Jahr entwickelt. Die Aufgabe des Erziehers ist es nun, vom Beispiel hinüberzuleiten zur Urteilsfähigkeit; das Kind soll seine feineren Kräfte gebrauchen lernen. Es muß nicht allein auf das Gemüt gewirkt werden, auch nicht nur auf den Verstand durch Verbot und Gebot. Pythagoras hat da die Mitte gehalten und weise Lehren gegeben, die in eine Form gekleidet waren, die die Mitte hielt zwischen Beispiel und Grundsatz. «Du sollst mit deinem Schwerte nicht das Feuer schlagen»; das heißt ein Zorniger ist ein Kraftverschwender. Dieses drückt er nun in einer Weise aus, die nicht nur auf den abstrakten Verstand wirkt, sondern er faßt die Lehre in ein Bild, das die Vorstellungskraft des Kindes anregt, seine Phantasie entwickelt, die Imagination. Die Pythagoreischen Lehrsätze sind ein Mittelding zwischen Bild und Grundsatz. Darauf soll in diesen Jahren hingearbeitet werden, daß das Kind lernt, sich eine eigene Meinung zu bilden. Die Meinung des Kindes soll aber nicht durch strenge Lehrsätze eingeengt, nicht eingeschnürt, sondern erweitert werden. Und das geschieht durch Bilder, durch symbolische Darstellungen der großen Wahrheiten. Während der ersten Schuljahre gilt es, Ruhe und Arbeit in das richtige Verhältnis zu dem Ätherleib zu bringen. Wenn die Zeit der Reife herannaht, ist es nötig, das richtige Gleichmaß zur Entfaltung zu bringen, so daß der Mensch sich ausleben kann in den drei Welten. Die erste Aufgabe war, den Ätherleib frei zu machen von den Anforderungen, den physischen Anstrengungen des Körpers; nun gilt es sorgfältig zu beobachten, um den Körper durch gymnastische Übungen zu stählen und beweglich zu machen und ihm dann wieder die nötige Ruhe zu verschaffen, ihn an Ruhe zu gewöhnen, während der Ätherleib arbeitet.

Die Aufgaben des Erziehers werden immer schwieriger, wenn die dritte Periode, die Zeit der Geschlechtsreife herannaht. Da hat man mit Sorgfalt auf den Astralleib zu wirken. Nun erst ist die Zeit gekommen, wo das Kind angeleitet werden muß, sich ein eigenes Urteil zu bilden. Vorher war Schweigsamkeit, was erzielt werden sollte. In der ersten Periode wird das Kind durch seine Sinne zur Nachahmung getrieben; da gilt es, ihm das richtige Vorbild zu schaffen. In der zweiten Periode soll durch Autorität auf das Kind gewirkt werden; das ist naturgemäß und wirkt wohltätig, indem es Glaube und Vertrauen erzeugt. Wohl dem Kind, das mit Verehrung zu einer Autorität aufschaut, die ihm alles ist. Während der dritten Periode nun hat der Erzieher die eigene Weisheit zurücktreten zu lassen vor der Weisheit des Menschen, den er vor sich hat in dem heranwachsenden Kinde. Die Geschlechtsreife hängt zusammen mit der Selbständigkeit des Menschen. Dazu ist eine Vorbereitung notwendig. Was der Astralleib in sich aufnehmen soll, muß vorbereitet werden im Ätherleib. Dies bezieht sich auf eine harmonische Ausbildung der Gefühlswelt. Gelingt es, ästhetische, anmutige Gefühle im Kinde zu erzeugen, so wirkt das zurück auf den Astralleib und erzeugt eine normale, harmonische, ästhetische Urteilskraft.

Es ist nicht gut, wenn Kinder von sechzehn oder siebzehn Jahren mit fertigen Urteilen an uns herantreten; das rächt sich bitter. Edle Gestalten aus der Geschichte, schöne Gedichte, die Werke unserer großen Meister soll man ihnen bringen, aber kein Bekenntnis. Bekenntnisse rufen ein Ja oder Nein hervor, aber kein reiches Innenleben. Und wer nicht das Glück gehabt hat, Autoritäten vor sich zu sehen, wird auch nicht zu einem eigenen Urteil kommen.

Jetzt ist die Zeit gekommen, wo wir danach trachten müssen, in dem Menschen das Verhältnis zu den Menschen zu entwickeln. Früher galt es, die Gesinnung der Verehrung zu wecken; jetzt muß er den Wert der verschiedenen Menschen selbst erkennen lernen. Jetzt lernt er sein früheres Verhältnis den Menschen gegenüber als Mensch zu Mensch zu unterscheiden, er erkennt, was wert, was unwert ist. Denn was muß nun wach gerufen werden? Die Affekte, die Empfindungen, Lust- und Leidempfinden. Das Astrale entwickelt sich im Verkehr mit der Umwelt. Daher müssen wir den Astralkörper erst so pflegen, daß er nach innen wirkt. Jetzt tritt er heraus. Soll er nun den richtigen Gebrauch von seiner Freiheit machen, so muß er durch den Ätherleib vorbereitet sein. Man nannte den Astralleib sonst Trieb- und Begierdenkörper. Ist dieser nicht richtig vorbereitet, so macht er sich in wilden Begierden und den Untugenden des akademischen Lebens Luft. Ist er nicht vorbereitet für die Freiheit, so wird die Triebkraft, die sich ausleben will, wild und zügellos; sie muß in den früheren Jahren vorbereitend gefestigt werden durch Erziehung des Ätherleibes.

Durch die geisteswissenschaftlichen Kenntnisse wird der Erzieher imstande sein, sein pädagogisches Können zu vertiefen und zu durchgeistigen. So wird die Geisteswissenschaft nutzbar, wenn man sie nutzbar macht für den Einfluß auf die Jugend. Wie nützlich es ist, diese Begriffe zu haben, wird der erkennen, der versucht, sie praktisch im Leben anzuwenden. Er wird dann aus dem Leben heraus die Erkenntnis praktisch erlangen. Und diese praktische Erkenntnis ist mehr wert als bloße Neugier und Wißbegierde für die geisteswissenschaftliche Weltanschauung.

Die äußeren materiellen Kenntnisse hängen vielfach nicht von uns ab. Der Staat, der Stand, die Verhältnisse sind da oft entscheidend; aber das ist auch nicht das Wichtigste. Was Beruf und Stand erfordert, kann gute oder schlechte Richtung annehmen. Selbst bei fehlerhaftestem Lehrplan, bei den überfülltesten Schulräumen kann man wirken, wenn man den Menschen kennt. Wenn es wahr ist, daß der Mensch alle seine Kräfte harmonisch entwickeln kann, so kann das eben nur geschehen, wenn man den Menschen erkennt vom ersten Lebensjahr an, ja selbst vor der Geburt.

Geistiges ist Wirklichkeit. Es ist nicht gleichgültig, welche Gedanken ein Kind umgeben, nicht gleichgültig, wer den Menschen empfängt. Es kommt sehr darauf an, ob der Mensch, der einen Menschen empfängt, gute oder böse Gedanken und Empfindungen hat; Arzt und Hebamme sollten priesterlich gebildete, veredelte Persönlichkeiten sein. Ist das der Fall, dann tritt der Mensch bei seiner Geburt in eine reine Atmosphäre, und das ist nicht gleichgültig. Der Geist ist etwas Wirkliches. Dies ist ein Gebiet, wo eine einsichtige Erziehung viel nützen kann und umgekehrt die Unwissenheit viel schadet. Unvollkommen tritt der Mensch ins Dasein. Er tritt ins Dasein, um höhere Fähigkeiten zu erlangen; die Möglichkeit, höher zu steigen, muß er mit seiner Hilflosigkeit erkaufen. Ihm muß geholfen werden. Daran erkennen wir so recht die Solidarität der ganzen Menschheit, die Notwendigkeit der gegenseitigen Hilfe. So ist die ganze Menschheit ein großer Körper, an dem die Einzelnen nur Glieder sind. Das gibt uns ein Verständnis für die Brüderlichkeit, dem ersten Grundsatz einer geisteswissenschaftlichen Gesellschaft.

Wenn der Mensch ins Dasein tritt, so handelt es sich im eminentesten Sinne nicht um ein fertiges Leben; die Aufgabe der Erzieher liegt darin, ihn für die Kultur heranzubilden, und das kann nur geschehen, wenn es aus dem Gefühl der Brüderlichkeit, aus dem Gemeinschaftsgefühl heraus geschieht.

Ein Lehrer stellte eine Frage bezüglich der Vererbungsverhältnisse.

Antwort: Der Erzieher habe vor allen Dingen ein Beobachter zu sein. Er habe die Menschennatur im Kinde zu beobachten. Dabei komme es zunächst nicht darauf an, ob er die materialistische Anschauung habe, daß die Anlagen und Triebe im Kinde von Vererbung herrühren, oder die geisteswissenschaftliche, wonach der Mensch sich seine Anlagen in früheren Erdenleben erworben habe und aus dem Grunde in die bestimmten Verhältnisse hinein von bestimmten Eltern geboren sei. Die Tatsachen, das Resultat der Beobachtung werde immer dasselbe sein. Der Erzieher habe sich zu hüten, gewaltsam in die Entwicklung des Kindes einzugreifen. Dazu ein Beispiel: Ein Erzieher hatte es in einer Familie mit einem elfjährigen Knaben zu tun. Dieser war zurückgeblieben, auch sein Körper war nicht normal; er hatte einen Großkopf. Er war nie über die unterste Klasse hinausgekommen. Seine Rechenhefte waren in einem traurigen Zustande. Wenn er eine Aufgabe gerechnet hatte, so stimmte sie nie, und er radierte, bis alles voll Löcher war. – Der Erzieher verzagte nicht und sagte sich: Die Seele würde sich den Körper schon bilden. Vorsichtig ging er daran, die Seele des Kindes auszubilden, er arbeitete nach dem Prinzip des kleinsten Kraftmaßes. Er ging von ganz bestimmten Gesichtspunkten aus und erfuhr, daß man lernt, Rätsel zu raten. Es ist ihm gelungen, in eineinhalb Jahren den Knaben zu einem normalen Kinde zu erziehen, weil es ihm gelang, an den Merkmalen die Ursachen zu erkennen, wovon sie herrührten. Der Großkopf nahm allmählich richtige Gestalt an; der Knabe entwickelte sich dann normal und war später fähig zu studieren. – Es wäre sehr wünschenswert, wenn die Erziehungsfrage im Lichte der Geisteswissenschaft einmal gründlich ausgearbeitet würde.

Schulfragen vom Standpunkt der Geisteswissenschaft

EIN VORTRAG

Es handelt sich im heutigen Vortrag um Dinge, die unmittelbar verwirklicht werden können. Aber wir wollen bei dieser Betrachtung stets die ganze Menschheitsentwicklung vor Augen haben, dann werden wir auch die Einzelentwicklung des jungen Menschen verstehen und sie leiten können. Mitten hinein in die Erziehung stellt sich die Schule mit ihren Anforderungen. Aus dem Wesen des Menschen und aus der Menschheitsentwicklung heraus wollen wir sie zu fassen suchen. Vier Leibesglieder unterscheiden wir zunächst am Menschen: physischer Leib, Äther- oder Lebensleib, astralischer Leib und das Ich, der Mittelpunkt des Menschen. Aber mit der physischen Geburt werden noch nicht alle vier Glieder für äußere Einwirkungen frei. Mit der physischen Geburt wird nur der physische Leib frei; zur Zeit des Zahnwechsels wird der Ätherleib geboren, zur Zeit der Geschlechtsreife der Astralleib. Wie Augen und Ohren vor der physischen Geburt unter der schützenden Mutterhülle, so werden Gedächtnis, Temperament und so weiter, die am Ätherleib haften, vor dem Zahnwechsel unter der schützenden Hülle des Äthers entwickelt. Jean Paul sagt: Ein Weltreisender, der alle Länder durchquert, lernt auf allen seinen Reisen nicht soviel, wie das Kind bis zum siebenten Jahre von seiner Amme. – Der Erzieher muß Freiheit geben dem, was sich durch die Naturkräfte selbst entwickelt.

Wozu brauchen wir denn überhaupt bei der Erziehung des Kindes eine Schule? Was nach der physischen Geburt heranwächst, bedarf einer schützenden Hülle, ähnlich wie der Keim im Mutterleibe. Denn erst an einem bestimmten Punkte tritt der Mensch in ein neues Leben. Bevor er an diesen Punkt kommt, ist sein Leben eine Wiederholung früherer Lebensepochen. Auch der Keim macht ja eine Wiederholung aller Stadien der Entwicklung von Urzeiten her durch. So wiederholt das Kind nach der Geburt frühere Menschheitsepochen. Friedrich August Wolf charakterisierte die Stufen des Menschen von der Kindheit an folgendermaßen. Erste Epoche: das goldene mildharmonische Alter vom ersten bis zum dritten Jahre. Es entspricht dem Leben der heutigen Indianer und Südseeinsulaner. Zweite Epoche: Sie spiegelt wider die Kämpfe in Asien, deren Widerschläge und Wirkungen in Europa, die Heroenzeit der Griechen; weiter hinaus die Zeit der nordamerikanischen Wilden, und im einzelnen Kinde die Lebensepoche bis zum sechsten Jahre. Dritte Epoche: Sie entspricht der Griechenzeit von Homer an bis zu Alexander dem Großen, reicht im einzelnen Kinde bis zum neunten Jahre. Vierte Epoche: Römerzeit, reicht bis zum zwölften Jahre. Fünfte Epoche: Mittelalter, reicht bis zum fünfzehnten Jahre; die Religion soll hier die Kraftnatur adeln. Sechste Epoche: Renaissance, bis zum achtzehnten Jahre. Siebente Epoche: Reformationszeit, bis zum einundzwanzigsten Jahre. Achte Epoche: reicht bis zum vierundzwanzigsten Jahre, in ihr erhebt sich der Mensch zur Gegenwart. Dieses Schema entspricht einer guten, geistig wertvollen Grundlage, nur dürfen wir es nicht so eng auffassen. Wir müssen die ganze Abstammung des Menschen mit in Betracht ziehen. Der Mensch stammt nicht vom niederen Tiere. Zwar stammt er von Wesen, die physisch weit hinter den heute lebenden Menschen zurückstanden, aber doch dem Affen ganz und gar nicht ähnlich waren. Die Geisteswissenschaft weist hin auf die Zeiten, wo der Mensch die Atlantis bewohnte.

Der Geist und die Seele der Atlantier waren anders geartet als bei den heutigen Menschen. Sie hatten nicht ein sogenanntes Verstandesbewußtsein. Sie konnten nicht schreiben und rechnen. Ihr Bewußtsein war gewissermaßen somnambul. Viele Dinge der geistigen Welten konnten sie durchschauen. Ihr Bewußtsein war ähnlich dem eines schlafenden Menschen mit lebhaften Träumen. Aber die Bilder, die in ihrem Bewußtsein aufstiegen, waren nicht chaotisch, sondern geregelt und lebendig. Damals war auch der Wille noch mächtig, auf die Glieder einzuwirken. Degenerierte Nachkommen von ihnen sind die heutigen höheren Säugetiere, namentlich die Affen. Das gewöhnliche atlantische Bewußtsein war ein Bilderbewußtsein. Unser Traumbewußtsein ist ein Rest davon. Die kühnste Phantasie von heute ist in ihren Bildern nur ein schwacher Abglanz dieser Bilderwelt der Atlantier. Und der Atlantier beherrschte die Bilder. Logik, Vernunftgesetze gab es damals nicht. Im willkürlichen Spiel der Kinder haben wir einen Abglanz davon, im kindlichen Spiel klingt die bildliche Anschauung weiter. Leben quoll dem Atlantier aus allen Dingen wie heute dem Kind aus dem Spielzeug.

In der lemurischen Zeit stieg der Mensch zum ersten Mal in den physischen Leib hinab. Das wird heute bei der physischen Geburt wiederholt. Damals stieg der Mensch in den Leib hinab und entwickelte ihn seelisch-geistig immer höher. Die lemurische und atlantische Epoche wiederholt der Mensch bis zum siebenten Jahre.

Vom Zahnwechsel bis zur Geschlechtsreife wird die Entwicklungsepoche wiederholt, in der große geistige Lehrer in der Menschheit auftraten. Die letzten von diesen waren Buddha, Plato, Pythagoras, Hermes, Moses, Zarathustra und so weiter. Damals wirkte die geistige Welt noch mehr in die Menschheit hinein. In den Heroensagen wird uns dies bewahrt. Jener Geist der alten Kulturepochen muß daher dem Schulunterricht in diesen Jahren zugrunde liegen.

Bis zum 12. Jahrhundert, dem Zeitalter der Städtegründung, haben wir die Epoche, die dem siebenten bis vierzehnten Jahre des Kindes entspricht. Da konnte nur vom Prinzip der Gemeinsamkeit und Autorität die Rede sein. Etwas von der Macht und dem Glanz der großen Führer muß vorhanden sein in diesen Jahren für die Kinder. Die Lehrerfrage ist deshalb in der ganzen Schulangelegenheit die wichtigste. Eine selbstverständliche Autorität muß der Lehrer den Kindern sein; so wie die Gewalt dessen, was die großen Lehrer zu sagen hatten, von selbst einfloß in die Menschenseelen. Schlimm ist es, wenn das Kind zweifelt an seinem Lehrer. Das schadet sehr. Die Verehrung, die das Kind dem Lehrer zollt, muß die denkbar größte sein. Dies muß so weit gehen, daß das Wohlwollen, das der Lehrer gibt — und es ist selbstverständlich, daß er es gibt —, dem Kinde wie ein Geschenk erscheint. Auf die methodisch-pädagogischen Grundsätze kommt es nicht an, sondern darauf, daß der Lehrer Psychologie im höchsten Sinne kennt. Seelenstudium ist das wichtigste Element der Lehrerbildung. Nicht wie die Seele entwickelt werden soll, soll man wissen, sondern man muß sehen, wie der Mensch sich wirklich entwickelt.

Und jedes Zeitalter stellt andere Forderungen an den Menschen, so daß allgemein gültige Schemen wertlos sind. Zum Lehrer gehört nicht Wissen und Beherrschen der Methoden der Pädagogik, sondern ein bestimmter

Charakter, eine Gesinnung, die schon wirkt, ehe der Lehrer gesprochen hat. Er muß, bis zu einem gewissen Grade, eine innere Entwicklung durchgemacht haben, er muß nicht nur gelernt, er muß sich innerlich verwandelt haben. Man wird einst beim Examen nicht das Wissen, ja nicht einmal die pädagogischen Grundsätze, sondern das Sein prüfen. Leben muß die Schule für das Kind sein. Sie soll nicht nur das Leben abbilden, sie soll das Leben sein, denn sie soll eine frühere Lebensepoche lebendig machen. Die Schule soll ein eigenes Leben erzeugen; nicht soll das äußere Leben hineinfließen. Was der Mensch später nicht mehr hat, soll er hier in der Schule haben. Bildliche, gleichnisartige Vorstellungen sollen in reicher Weise erweckt werden. «Alles Vergängliche ist nur ein Gleichnis»: Von diesem Satz muß der Lehrer voll überzeugt sein. Er darf nicht denken, wenn er bildlich redet: Das ist nur ein Gleichnis. Wenn er voll mitlebt mit dem Kinde, dann geht aus seiner Seele Kraft in die des Kindes über. Ins Bild, in den Reichtum der Imagination, muß man die Naturvorgänge kleiden. Erschaffen muß man, was hinter dem Sinnlichen ist. Unser heutiger Anschauungsunterricht ist darum ganz verfehlt, da er nur aufs Äußere hinweist. Das Samenkorn hat nicht nur die Pflanze in sich, sondern auch die Sonnenkraft, ja den ganzen Kosmos. Auferwecken muß man die gleichnisartigen Kräfte, damit das Kind sich in die Natur einlebt. Nicht an der Rechenmaschine, sondern an den lebendigen Fingern muß man mit dem Kinde rechnen. Die lebendige Geisteskraft muß angeregt werden. Man muß dem Kinde nicht nur die Pflanze zeigen und beschreiben, sondern sie vom Kinde malen lassen. Dann werden frohe Menschen aus der Schule hervorgehen, die dem Leben einen Sinn abgewinnen. Rechnen und Naturkunde schult die Denkkraft, das

Gedächtnis und die Erinnerung. Geschichte schult die Gefühlskräfte. Fühlen mit allem Großen und Schönen entwickelt Liebe zu dem, was geliebt sein muß. Der Wille aber wird nur ausgebildet durch die religiöse Anschauung. Die muß alles durchdringen. Jean Paul sagt: Horchet wie richtig ein Kind spricht und fraget dann seinen Vater, er soll es erklären. — Das Kind kann nicht alles verstehen, was es tatsächlich kann. Und so ist es auch bei allen Menschen. Nur unsere materielle Zeit will dem Gedächtnis so wenig zumuten. Zuerst lernt das Kind, später versteht es das Gelernte, und noch später lernt es die Gesetze kennen.

Zwischen dem siebenten und vierzehnten Jahre muß auch der Schönheitssinn entwickelt werden. Er ist es, der uns auch die symbolische Auffassung der Dinge vermittelt. Vor allem soll aber Leben dem Kinde werden und möglichst wenig abstrakte Ideen. Die sollen erst nach der Geschlechtsreife kommen. Dann soll es erst die Theorien lernen, wenn es schon sinnvoll in die Dinge eingedrungen ist. Der Geist der Natur soll zuvor gesprochen haben, die Tatsachen selbst, die ja hinter dem Sinnlichen liegen. Man muß nicht fürchten, daß nach der Schulzeit alles vergessen werde. Es kommt nur darauf an, daß es Früchte trägt, daß der Geist geformt wird. Nur das bleibt, was der Mensch gefühlt und empfunden hat. Das Einzelne geht, das Allgemeine bleibt und wächst. Nie aber kann ein Unterricht ohne religiöse Grundlage geführt werden. Eine religionslose Schule ist einfach eine Illusion. Auch in Haeckels Welträtsel steht ja eine Religion. Wer Religion bekämpft, tut es entweder von einem hohen Standpunkt aus, wie Schiller sagt «aus Religion», oder von einem sehr tiefen Standpunkt aus. Aber nie kann eine Theorie eine Religion ersetzen. Religionsgeschichte kann das nie ersetzen. Wer in einer tief religiösen Grundstimmung ist, der kann auch Religion geben. Der Geist, der in der Welt lebt, lebt auch im Menschen. Man muß fühlen, daß man in einer geistigen Weltordnung steht, von der man seine Mission empfängt. Es gibt ein Wort: «Ein Blick ins Buch, und zwei ins Leben, das muß die Form dem Geiste geben.» Aber die Schule muß unmittelbares Leben sein; das Buch selbst muß Leben sein, muß erfreuen wie das Leben selbst. So können wir den Spruch so formen:

Ein Blick ins Buch, der wie ein Blick ins Leben,
Der kann die rechte Form dem Geiste geben.

Anmerkungen

ZUR TEXTGRUNDLAGE

«Die Erziehung des Kindes vom Gesichtspunkte der Geisteswissenschaft» erschien erstmals 1907 in Nr. 33 der von Rudolf Steiner herausgegebenen Zeitschrift «Lucifer – Gnosis» und im selben Jahr als selbständige Publikation. Der Text des Aufsatzes folgt dem Abdruck in Band GA 34 der Rudolf Steiner Gesamtausgabe, «Lucifer – Gnosis 1903 – 1908», Grundlegende Aufsätze zur Anthroposophie und Berichte aus den Zeitschriften «Luzifer» und «Lucifer – Gnosis», in der Form, wie er in der 4. Auflage der Einzelausgabe, Berlin 1918, auf Weisung Rudolf Steiners publiziert worden ist. Die in den Fußnoten wiedergegebenen Anmerkungen hat Steiner für die Einzelausgabe Berlin 1907 verfaßt und mit Anmerkungsziffern im Text darauf hingewiesen; ursprünglich standen sie unter dem Titel «Einige Bemerkungen zur Ergänzung der Ausführungen» am Schluß des Bändchens.

Die Begriffe Theosoph, Theosophie und theosophisch sind konsequent in Anthroposoph, Anthroposophie und anthroposophisch oder Geisteswissenschaft und geisteswissenschaftlich geändert worden, wo Rudolf Steiner damit seine eigene, bis 1913 noch im Rahmen der Theosophischen Gesellschaft vertretene Geisteswissenschaft meint. Dies gilt auch für die beiden folgenden Texte.

Dem Aufsatz liegen an verschiedenen Orten in Deutschland in den Jahren 1906/07 gehaltene Vorträge mit gleich oder ähnlich lautenden Titeln zugrunde. Der erste dieser Vorträge, «Über Erziehungsfragen», Hamburg, 3. März 1906, der erste Vortrag Rudolf Steiners über anthroposophische Erziehung überhaupt, ist in dieser Ausgabe im Anschluß an «Die Erziehung des Kindes...» wiedergegeben. Textgrundlage bildet der Abdruck der Hörernachschrift in der Zeitschrift «Die Menschenschule», 51. Jahrgang, 1977, Nr. 6.

Beim dritten Text in dieser Ausgabe, «Schulfragen vom Standpunkt der Geisteswissenschaft», handelt es sich ebenfalls um einen nach Hörernachschriften wiedergegebenen öffentlichen Vortrag, Berlin, 24. Januar 1907, der das Thema unter anderen Gesichtspunkten behandelt. Textgrundlage bildet der Abdruck in GA 55, «Die Erkenntnis des Übersinnlichen in unserer Zeit und deren Bedeutung für das heutige Leben».

ANMERKUNGEN ZUM TEXT

Die Werke Rudolf Steiners werden mit dem Titel und der Bandnummer innerhalb der Gesamtausgabe (GA) nachgewiesen.

Seite

30 *Aristoteles hat den Menschen das nachahmendste der Tiere genannt:* Siehe Aristoteles, «Von der Dichtkunst», 1448b (hier zitiert nach der Übersetzung von Olof Gigon in: Aristoteles, «Vom Himmel. Von der Seele. Von der Dichtkunst», Zürich: Artemis, 1950; S. 394): «Denn erstens ist das Nachahmen den Menschen von Kindheit an angeboren (und darin unterscheidet sich der Mensch von den anderen Lebewesen, daß er am meisten zur Nachahmung befähigt ist und das Lernen sich bei ihm am Anfang durch Nachahmung vollzieht) und zweitens freuen sich alle Menschen an den Nachahmungen.»

31 *in Jean Pauls «Levana»:* Jean Paul (eigentlich Johann Paul Friedrich Richter), 1763–1825, Schriftsteller aus der Zeit der deutschen Klassik und Romantik, der zeitweise als armer Haus- und Privatlehrer lebte. Die von Steiner angeführte Stelle entstammt der Vorrede zur ersten Auflage seiner Ende 1906 (mit dem Titelvermerk 1807) erschienenen «Levana oder Erziehlehre»: «Jeder neue Erzieher wirkt weniger ein als der vorige, bis zuletzt, wenn man das ganze Leben für eine Erziehanstalt nimmt, ein Weltumsegler von allen Völkern zusammengenommen nicht so viele Bildung bekommt als von seiner Amme.» Zitiert nach Jean

Paul: «Sämtliche Werke», München/Wien: Carl Hanser, 1995; Abteilung I, Fünfter Band, S.531.

37 *Das schöne Dichterwort:* Siehe Goethe, «Iphigenie auf Tauris», 2. Aufzug, 1. Auftritt, Verse 763–765. Pylades sagt da wörtlich: «Ein jeglicher muß seinen Helden wählen, / Dem er die Wege zum Olymp hinauf / Sich nacharbeitet.»

39 *«Alles Vergängliche ist nur ein Gleichnis»:* Goethe, «Faust» II, 5. Akt, Bergschluchten, Wald, Fels, Einöde, Verse 12104 f.

43 *Fürchtet keine Unverständlichkeit:* Aus Jean Paul, «Levana oder Erziehlehre», 7. Bruchstück, 2. Kapitel, §131. Die Stelle, von Steiner mit geringen Abweichungen zitiert, ist hier im Text wörtlich wiedergegeben (zitiert nach Jean Paul: «Sämtliche Werke», München/Wien: Carl Hanser, 1995; Abteilung I, Fünfter Band, S.829 f). – Sinesen: Chinesen.

59 *Johann Heinrich Pestalozzi,* 1746–1827, Schriftsteller, Pädagoge und Philosoph aus Zürich, Begründer mehrerer Armen- und Erziehungseinrichtungen an verschiedenen Orten in der Schweiz. Pestalozzi entwickelte umwälzende und tiefsinnige Anschauungen über Erziehung als Menschenbildung und hatte eine große Wirkung auf die Volksschulerziehung.

Jean-Jacques Rousseau, 1712–1778, Schriftsteller und Philosoph, gebürtig aus Genf, lebte lange in Paris und anderen Orten Frankreichs und der Schweiz. Rousseau vertrat in bahnbrechender Weise die Idee von den natürlichen Anlagen und der natürlichen Entwicklung des Kindes gegenüber der künstlichen Bildung durch die Gesellschaft.

59 *Johann Gottfried Herder,* 1744–1803, Schriftsteller, Philosoph und Theologe aus Ostpreußen, der gemeinsam mit Goethe in Weimar wirkte und dort für das Kirchen- und Schulwesen zuständig war. Herder entwarf in seinen Werken weitreichende Ideen über die Entwicklungsgeschichte der Menschheit und menschliche Bildung.

65 *Pythagoras von Samos,* griechischer Philosoph der vorsokratischen Zeit, der im 6. Jh. v. Chr. lebte und in Süditalien einen Weisheitsbund begründete. Der von Steiner angeführte Spruch wird bei dem antiken Schriftsteller Diogenes Laertios den symbolischen Richtsätzen des Pythagoras zugeschrieben, siehe dessen «Leben und Meinungen berühmter Philosophen», 8. Buch, Kap. 17 und 18.

69 *Ein Erzieher hatte es in einer Familie mit einem elfjährigen Knaben zu tun:* Steiner bezieht sich hier auf seine eigenen Erziehungserfahrungen, die er 1884–1890 als Hauslehrer bei der Familie Specht in Wien sammelte. Es gelang ihm, Otto Specht, einem der vier Söhne der Familie, trotz schwerer Lernschwächen im Zusammenhang mit einer Hydrozephalie, erfolgreich die Gymnasialbildung zu ermöglichen. Otto Specht wurde später Arzt. Siehe auch Steiners autobiografische Darstellung in «Mein Lebensgang», Band GA 28, Kapitel VI und XIII, und Heft Nr. 112/113 der «Beiträge zur Rudolf Steiner Gesamtausgabe», Frühjahr 1994.

71 *Jean Paul sagt:* Siehe Anm. zu S. 31.

72 *Friedrich August Wolf charakterisierte die Stufen:* Friedrich August Wolf, 1759–1824, Begründer der kritischen Altertumswissenschaft und Pädagoge.

Siehe sein aus dem Nachlass herausgegebenes Werk «Friedr. Aug. Wolf über Erziehung, Schule, Universität.» («Consilia scholastica.») Aus Wolf's litterarischem Nachlasse zusammengestellt von Wilhelm Körte. Quedlinburg und Leipzig: Becker'sche Buchhandlung, 1835; S. 69–71. In «Lucifer – Gnosis 1903 – 1908» (GA 34) gibt Steiner anschließend an den Aufsatz über «Die Erziehung des Kindes...» S. 346–348 unter dem Titel «Notiz» eine nahezu wörtliche Wiedergabe der zehn durch Wolf skizzierten Stufen.

73 *Der Geist und die Seele der Atlantier:* Rudolf Steiner gliedert die Evolution der Erde in große Entwicklungsstufen, von denen die atlantische die vierte, unsere heutige die fünfte bildet (nach der polarischen, der hyperboräischen und der lemurischen). Über den atlantischen Entwicklungszustand der Erde und Menschheit siehe seine Darstellungen in den Aufsätzen «Aus der Akasha-Chronik» (GA 11) und der Schrift «Die Geheimwissenschaft im Umriß» (GA 13), in der es im Kapitel «Die Weltentwickelung und der Mensch» heißt: «Im Sinne der Geisteswissenschaft kann man das Erdengebiet zwischen Europa, Afrika und Amerika, das einstmals bestanden hat, ‹Atlantis› nennen» (S. 259).

In der lemurischen Zeit: Siehe vorangehende Anmerkung. Im Kapitel «Unsere atlantischen Vorfahren» der Schrift «Aus der Akasha-Chronik» (GA 11, S. 32) schreibt Steiner: «Die Vorfahren der Atlantier wohnten auf einem verschwundenen Landesteil, dessen Hauptgebiet südlich vom heutigen Asien lag. Man nennt sie in den theosophischen Schriften die Lemurier.»

75 *«Alles Vergängliche ist nur ein Gleichnis»:* Siehe Anm. zu S. 39.

76 *Jean Paul sagt:* Steiner zitiert die Stelle auch in der Schrift «Die Erziehung des Kindes vom Gesichtspunkt der Geisteswissenschaft», siehe S. 43 in dieser Ausgabe und den Hinweis dazu.

76 *Haeckels Welträtsel:* Das Hauptwerk des deutschen Zoologen Ernst Haeckel (1834–1919), «Die Welträtsel. Gemeinverständliche Studien über monistische Philosophie», Bonn: Strauß, 1899.

wie Schiller sagt: Im Distichon «Mein Glaube» von Friedrich Schiller (1759–1805) aus den «Tabulae votivae von Schiller und Goethe» heißt es: «Welche Religion ich bekenne? Keine von allen, Die du mir nennst! ‹Und warum keine?› Aus Religion.»

77 *Ein Blick ins Buch:* Der immer wieder zitierte, jedoch in keinem einschlägigen Zitatenlexikon zu findende Spruch wird öfter Goethe zugeschrieben, läßt sich dort aber nicht nachweisen.

Literatur zum Thema aus dem Werk Rudolf Steiners

GA = Rudolf Steiner Gesamtausgabe
Tb = Rudolf Steiner Taschenbücher
Rudolf Steiner Verlag

Vorträge Rudolf Steiners über Pädagogik

- *Öffentliche Kurse und Vortragsreihen*

Die Erneuerung der pädagogisch-didaktischen Kunst durch Geisteswissenschaft
14 Vorträge, Basel 1920, GA 301/Tb 708

Die gesunde Entwickelung des Menschenwesens. Eine Einführung in die anthroposophische Pädagogik und Didaktik
16 Vorträge, Dornach 1921/22, GA 303

Die geistig-seelischen Grundkräfte der Erziehungskunst. Spirituelle Werte in Erziehung und sozialem Leben.
Vorträge und Ansprachen, Oxford 1922, GA 305 / Tb 604

Die pädagogische Praxis vom Gesichtspunkte geisteswissenschaftlicher Menschenerkenntnis. Die Erziehung des Kindes und jüngeren Menschen
8 Vorträge, Dornach 1923, GA 306

Gegenwärtiges Geistesleben und Erziehung
14 Vorträge, Ilkley/England 1923, GA 307/ Tb 741

Die Methodik des Lehrens und die Lebensbedingungen des Erziehens
5 Vorträge, Stuttgart 1924, GA 308 / Tb 658

Anthroposophische Pädagogik und ihre Voraussetzungen
5 Vorträge, Bern 1924, GA 309

Der pädagogische Wert der Menschenerkenntnis und der Kulturwert der Pädagogik
9 Vorträge, Arnheim 1924, GA 310/Tb 749

Die Kunst des Erziehens aus dem Erfassen der Menschenwesenheit
7 Vorträge, Torquay/England 1924, GA 311/Tb 674

- *Vorträge und Kurse für die Lehrer der Freien Waldorfschule in Stuttgart*

Allgemeine Menschenkunde als Grundlage der Pädagogik (Erziehungskunst I)
14 Vorträge, Stuttgart 1919, GA 293/Tb 617

Erziehungskunst. Methodisch-Didaktisches (II)
14 Vorträge, Stuttgart 1919, GA 294/Tb 618

Erziehungskunst. Seminar-besprechungen und Lehrplanvorträge (III)
15 Seminarbesprechungen und 3 Vorträge, Stuttgart 1919, GA 295/Tb 639

Geisteswissenschaftliche Sprachbetrachtungen – Eine Anregung für Erzieher
6 Vorträge, Stuttgart 1919/20, GA 299

Menschenerkenntnis und Unterrichtsgestaltung
8 Vorträge, Stuttgart 1921, GA 302/Tb 657

Erziehung und Unterricht aus Menschenerkenntnis
Meditativ erarbeitete Menschenkunde – Erziehungsfragen im Reifealter. Zur künstlerischen Gestaltung des Unterrichts –

Anregungen zur innerlichen Durchdringung des Lehr- und Erzieherberufes
9 Vorträge, Stuttgart 1920, 1922, 1923, GA 302a / Tb 730 (In Tb nur «Meditativ erarbeitete Menschenkunde»)

- *Einzelausgaben*

Grundlage und Zielsetzung der Waldorfschule
3 Aufsätze 1919/1920